소신대로
살겠습니다

내향적인 성격입니다만

안현진 저

도서
출판 **YEGA**

소신대로 살지 못했었다. 타인의 이야기에 자주 흔들렸고, 내 선택에 대한 확신이 없었다.

시험이 끝나면 친구들과 영화도 보고 맛있는 것도 사 먹었다. 어떤 음식을 먹을지, 어떤 영화를 볼지 정할 때마다 '나는 아무거나 괜찮아.'였다. 다수의 의견을 따라갔다. 내가 선택해서 먹었는데 맛없으면 어쩌지, 영화가 재미없으면 어쩌지 하는 걱정이 더 컸다. 사춘기 땐 이런 소심하고 내성적인 성격에 대해 고민을 많이 했다. 나를 믿지 못하니 자신감도 부족하고, 스스로 못마땅하게 여겼다. 이런 내가 점점 싫어졌다.

문을 열었다. 현관 가득 신발이 보였다. 동시에 웃음소리가 들려왔다. 이웃집 아주머니 세 명과 엄마가 부엌 식탁에 앉아 있었다. 인사만 하고 방으로 들어갔다. 문을 꼭 닫았는데도 무슨 얘기를 하는지 다 알 수 있었다. 문이 닫힌 게 맞는지 몇 번이나 확인했다. 가방을 내려놓고 침대에 걸터앉았다. 입고 있는 교복도, 신고 있는

양말도 갑갑했다. 편한 옷으로 갈아입어도 알 수 없는 답답함이 밀려왔다.

카세트에 에이브릴 라빈 1집 테이프를 넣었다. 1집 앨범 중에서도 제일 좋아했던 노래는 Complicated다. 당시 열일곱 소녀였던 에이브릴 라빈의 노래를 듣고 있으면 내 마음도 위로받는 것 같았다. 나와 두 살밖에 차이 나지 않는, 지구 반대편에 사는 언니에게서 나도 잘 모르는 나를 이해받는 기분이었다.

서랍 깊숙한 곳에서 자물쇠가 걸려 있는 비밀 일기장을 꺼냈다. 삶이란 원래 그런 거야 외치는 노래를 들으며 머릿속에 떠오르는 생각을 적어 나갔다. 내 성격은 왜 이럴까, 나는 왜 공부를 못할까, 나는 왜 친구가 많지 않을까, 공부도 잘하고 성격 좋은 친구들이 부러워, 나도 활달한 성격이면 좋겠어……. 온통 나에 대한 부정적인 말뿐이었다. '이런 나를 누가 좋아하겠어? 나는 누구야? 어디서 왔을까? 이 세상에 태어난 이유가 뭘까?' 생각하다가 엎드려 울었다. 스스로에 대한 믿음도, 자신도 없었다. 사춘기였다.

자신을 사랑할 줄 몰랐던 내게 '한 번뿐인 내 인생은 소중해, 내 인생은 내 거야.' 주인의식을 깨닫게 해 준 두 가지가 있었다. 바로 독서와 글쓰기다. 예민했던 청소년기, 독서와 글쓰기만큼은 가늘고 길게 이어가고 있었다.

초등학생 때, 엄마는 매주 다섯 권의 책이 집으로 배달되어 오는 도서 배달 서비스를 신청했었다. 아주머니께서 집에 들러 새로운 책을 넣어주고 이전 책은 가져갔다. 이번 주는 어떤 책이 왔을까 궁금해하며 남동생과 책가방을 풀어봤다. 매번 다 읽지는 않았지만, 집에 책이 있으니 심심하면 펼쳐보게 됐다. 기대 안 하고 봤다가 재밌어서 시간 가는 줄 모르고 본 책도 많다. 한 달에 만 원. 책에 대한 흥미를 잃지 않는데 쓴 비용이었다.

중학교 1학년 담임 선생님은 책을 좋아하고, 독서의 중요성을 강조하는 분이었다. 책 이야기할 때마다 눈빛이 반짝였다. 책을 많이 읽으면 선생님처럼 자기 의견에 논리를 갖춰서 말할 수 있을까? 늘 당당하고 자신감 넘치는 태도를 보일 수 있는 걸까? 중학생인 내 눈에는 선생님의 아우라가 독서에서 오는 것 같았다. 매달 넷째 주 토요일은 특별활동 시간이었다. 존경하던 담임 선생님을 따라 도서부에 들어갔다. 도서관에서 읽고 싶은 책 아무거나 읽으면서 4시간을 보냈다. 나는 어떤 책을 좋아하는지, 무엇을 할 때 즐거워하는지 알아가는 시간이었다.

고등학생 때 이사를 하면서 도서관과 가까워졌다. 주말이면 동생과 가방 하나씩 메고, 걸어서 도서관을 오갔다. 가까워진 거리만

큼이나 책과도 더 가까워진 시기였다.

책 속 주인공은 주체적이다. 어떤 고난과 역경도 헤쳐 나가면서 큰 성장을 이룬다. 주인공의 성장기를 읽으며 새로운 일 앞에 망설이는 나를 움직이기도 했다.

답답하고 안 풀리는 일이 있을 땐 책부터 찾는다. 현재 내 마음과 관련된 내용이 아니어도 일단 책을 펼쳐 읽으면 기분이 좋아진다. 앞으로 어떻게 해야 할지 눈에 보인다. 책이 타인의 글을 통해 나를 알아차리는 행위라면 내가 쓰는 글은 직접 나를 찾아 나가는 행위다. 독서와 글쓰기는 삶의 방향을 알려주는 나침반이었다.

여전히 내성적이고 주변 말에 잘 흔들리던 내가 '진로 결정에 있어서 만큼은 내 마음을 따르겠다.'라는 소신을 지켰다. 고등학교 2학년 때, 처음으로 간호사가 되고 싶었다. 늦게 품은 꿈이었지만, 되고 싶은 마음만큼은 간절했다. 간호학과생이 된 나를 떠올리며 공부에 임했다.

수시에 이어 정시까지 다 떨어질 줄은 몰랐다. 안전책으로 생각한 대학 학과에 입학 등록했다. 아쉬움을 가지고 고등학교 마지막 방학을 보내고 있을 때, 추가합격 소식 전화를 받았다. 다시 가슴이 뛰었다. 추가합격이기에 빨리 입학 여부를 알려줘야 했다. 부모님은 집에서 통학이 가능한 가까운 대학에 가길 원하셨다. 간호사 일이 힘들기도 하고, 먼저 등록해 놓은 대학도 괜찮다고 반대하셨다. 하루 동안 머리가 지끈거릴 정도로 고민했다. 나중에 덜 후회하려면 내 마음이 기우는 쪽을 선택해야 했다. 다음 날 혼자 입학처를 찾아가 등록을 취소했다.

자취 집부터 구하느라 엄마와 나는 바빠졌다. 가져갈 짐도 싸야 하고, 교재도 준비해야 했다. 평온하던 하루가 갑자기 분주해졌다. 그래도 내 인생의 핸들을 내가 꽉 붙잡고 있다는 확신에 기분이 좋았다. 무엇보다 꿈을 이룰 수 있다는 사실만으로도 낯선 타지 생활의 두려움을 이겨낼 수 있었다.

성격과 삶을 대하는 태도는 다르다. 내향적인 것과 관련 없이 내 삶을 소중하게 여긴다. 나를 사랑하면 주위를 보는 시선도 따뜻해질 수밖에 없다. 살아가는 것 자체가 행복하고 감사하다. 어떤 성격이든 장단점이 있다. 내 성격이 마냥 싫다고만 하지 않고 자신과의 대화를 이어가다 보면 강점을 찾게 된다. 그 강점을 살려 인간관계에 적용해 볼 수 있다.

한창 자라는 청소년들에게도 내향적인 성격은 '나쁜 게' 아니라 '특별하다'라는 사실을 얘기해주고 싶다. 그 사실을 알아가는 과정에 독서와 글쓰기가 있었다. 이 두 가지는 소신 있게 살아가는 데 강력한 무기가 되어주었다.

자신에 대해 만족하며 살아가는 사람이 얼마나 될까. 특히 질풍 노도의 시기를 겪고 있을 사춘기 아이들을 떠올리면 학창 시절 소심했던 내가 떠오른다. 어른이 되어 읽은 내향인에 관한 책을 그 시절 내게로 가서 꼭 쥐여 주고 싶다.

이 책은 과거의 나처럼 자신을 사랑하지 못하고 힘들어하고 있을 사람들을 위해 쓴 책이다. 성격과 친구 문제로 고민이 많을 청소년들과 내향인으로 살아가는 어른들에게 지금 이대로도 괜찮다고 얘기하고 싶다. 내향적인 성격도 나쁘지 않음을, 있는 그대로의 나를 사랑하고 받아들이는 것이 왜 중요한지 나의 경험을 통해 전하고 싶다. 그리고 작게나마 도움이 되면 좋겠다.

• 차 례 •

제3장 책을 읽고 생각이 바뀌다

제4장 작은 습관이 만들어준 큰 변화

제5장 내향인이여 고개를 들자

제 1 장

내향적인
성격입니다

나는 'I'입니다

"I야? E야?"

MBTI 성격 유형 하나로 나와 잘 맞는 사람인지, 나와 반대 성향인지 초기 파악이 가능하다. 16가지로 나뉜 성격 유형이 잘 맞는 편이어서 놀랄 때가 많다. 특히 내향형 외향형을 구분하는 I와 E가 첫 구분에 들어간다. I는 내향성이 두드러진 사람이다. I인 사람과 대화를 나누면 척척 통할 때가 많다. 가장 친한 친구와는 MBTI도 같다.

내향적, 외향적이란 표현은 어른이 된 뒤에야 알고 사용하기 시작했다. 성격 테스트를 하면 항상 내향성이 높게 나왔다. 주목받기보다 군중 속에 있는 게 마음 편한 사람, 존재감이 드러나기보단 있는 듯 없는 듯 조용한 사람이 나였다. 성격은 어느 것이 더 좋다고 말할 수 있는 게 아닌데 학창 시절엔 큰 고민이었다. 외향적으로 바꾸고 싶을 만큼 스트레스였다. 적극적이고 친화력 좋은 사람이 리더가 되고 성공한다는 사회적 분위기도 한몫했다.

1997년 IMF가 터진 뒤 아빠가 다니던 철강 회사도 부도가 났다. 사원 아파트에서 살다가 초등학교 1학년을 끝마치지 못하고 이사를 했다.

첫째의 특혜로 방을 먼저 고를 선택권이 주어졌다. 마주 보고 있는 두 방을 오가며 고민하다 조금 더 넓은 방을 골랐다. 처음으로 내 방이 생겼다. 지역도 사는 곳도 하루아침에 달라졌지만 새로 이사 온 집이 좋았다.

다음 날 엄마 손을 잡고 앞으로 다니게 될 학교에 갔다. 집에서 15분 거리에 있었다. 첫날은 함께 갔지만 다음날부터는 혼자 등교해야 했다. 주위에 큰 건물은 뭐가 있는지 어떤 가게가 있는지 익히며 학교에 도착했다. 집과 학교는 달랐다. 들뜬 마음이 가라앉고 빨리 돌아가고 싶다는 생각만 들었다. 봄방학 하기 3일 전이었다. 선생님은 나를 간단하게 소개한 뒤 빈자리에 앉혔다. 미술 시간이었다. 옆 친구의 크레파스와 스케치북을 빌려 그림을 그렸다. 노란색 크레파스로 밑그림을 그리는데 같은 조에 앉아 있던 남자아이가 말했다.

"어? 살색으로 그려야 하는데?"

그 말에 나도 모르게 눈물이 찔끔 났다.

"선생님~ 민수(가명)가 새로 온 친구 울렸어요!"

"아니~ 나는 그냥 노란색으로 먼저 그리길래 알려준 거뿐인데……."

나도 '내가 왜 울지?'라고 생각할 만큼 이해가 안 갔다. 한참 지나고 생각해보니 내가 느끼는 것 이상으로 긴장하고 있었다. 낯설고 떨리던 마음이 아무것도 아닌 말 한마디에 툭 건드려졌다. 모두의 이목이 쏠리는 상황이 내게는 부담스러운 일이었다. 영화나드라마에서 전학해 오는 장면이 나오면 그날의 기억이 떠오른다. 미술 시간이 끝난 뒤 몇몇 아이들이 말을 걸어왔다. 그제야 긴장이 조금씩 풀렸다. 학교에서 집으로 가는 마음과 발걸음이 한결 가벼워졌다.

봄방학이 끝나고 바로 2학년으로 올라갔다. 담임 선생님은 키 순서대로 자리를 정했다. 또래보다 키가 컸던 나는 마지막까지 남다가 결국 혼자 앉게 되었다. 인원이 홀수였다. 키가 크면 주목받는 것 같아 싫었다. 학창 시절 내내 키에 대한 콤플렉스가 있었던 것도 성격과 관련 있었다.

같은 반이면서 같은 아파트에 사는 활발한 성격의 친구와 친해졌다. 둘 다 두 살 아래 남동생이 있다. 함께 등교하면서 동생들도 자연스레 친구가 되었다. 반이 달라지고 나는 친구와 서서히 멀어졌지만, 동생은 지금도 연락하며 지낸다.

동생과는 같은 만화영화를 보며 자랐다. 주말이면 도서관도 함께 다니고, 만화책방에서 빌려온 책도 공유하며 봤다. 그래서인지 좋아하는 게 비슷하고 대화하는 것도 재밌다. 하지만 동생은 나와 비슷한 듯 달랐다. 큰댁에서 제사 지낼 때, 한 번씩 보는 친척 어른들이 어려웠다. 묻는 말에 쭈뼛쭈뼛 대답만 했다. 동생은 질문도 하고 농담도 하며 웃었다. 어른이 된 지금도 가끔 친정에 내려오면 먼저 찾아뵙고 안부를 묻는다. 그런 동생이 신기하기만 하다.

머리 스타일을 바꾸면 기분 전환이 된다. 결혼 전까지만 해도 일 년에 두 번은 파마하고 풀기를 반복했다. 그렇게 자주 가면서도 매번 미용실 가기 전까지 갈까 말까 망설인다. 어릴 땐 엄마가 미용실 갈 때 따라갔다가 얼떨결에 머리를 했다. 중, 고등학생 때는 단골집만 다녔다. 대학생이 되고 사회인이 되면서 이곳저곳 여러 군데 미용실을 다니게 되었다. 어느 곳을 가느냐에 따라 스타일에 차이가 느껴졌다. 가격도 중요했다. 머리도 잘하고 가격도 괜찮은 미용실을 알게 되었다. 하지만 치명적인 단점이 있었다. 개인 미용실이었는데 사장님이 끊임없이 말을 걸고 개인사에 관해 물어봤다. 아무 말도 하지 않고 머리만 하고 싶으면서도 '나처럼 무뚝뚝한 손님은 얼마나 따분할까'를 더 신경 썼다. 손님이 가고 나면 다른 손님과 그 손님 얘길 했다. '내가 간 뒤에도 내 얘기를 하는 거 아닐까' 머리하는 두 시간이 얼른 지나가길 바랐다. 그런데도 가성비가 좋다는 이유만으로 몇 번 더 머리를 하러 갔다. 발길을 끊게 된 결정적인 일이 있었다.

"아니! 목에 힘을 좀 빼시라고요!"

머리를 감겨줄 때 머리가 무거울까 봐 목에 힘을 주었다. 그러면 덜 무거워질 줄 알았다. 갈 때마다 보조 미용사의 찡그린 표정과 무뚝뚝한 말투가 마음을 불편하게 했었다. 이 한마디에 정신이 번쩍 들었다. 그날 이후로 다시는 그 미용실에 가지 않았다. 왜 그렇게 꾹 참고 다녔을까 스스로가 미련해 보였다.

미용실에 갔다 오면 피곤한 이유가 두세 시간씩 가만히 앉아 있어서가 아니었다. 걸어오는 말에 호응해야 한다는 부담감에 스트레스받았다. 처음 보는 사람에게 두 시간 이상 머리를 맡기는 것도 불편한데 '어떤 이야기를 해야 할까? 어떻게 답해야 하지?' 하는 고민이 덤으로 따라왔다. 첫 만남에 상대방과 편하게 대화를 주고받는 사람이 부러웠다. 옆자리 손님은 다른 미용사와 하하 호호 웃으며 재밌게 대화를 이어 나가는데 나는 어색하게 앉아 있는 게 괜히 미안해지곤 했다.

성격을 말하는 데 있어 내향적이다, 외향적이다 구분할 수는 있다. 하지만 무엇이 더 좋고 나쁘다고 말할 수는 없다. 내향적인 내 성격을 부정적으로 바라봤다. 자신을 부정적으로 바라보니 자신감이 없을 수밖에 없었다. 자신감이 부족하니 자꾸 주위 눈치를 보게 된다. 내 생각과 마음보다 남이 나를 어떻게 생각하는지를 더 고민했다. 나는 그저 조금 소심하고 내성적인 아이였을 뿐이었다. 있는 그대로 나를 받아주지 못한 어린 시절의 내게 미안하다. 여전히 사람을 사귀는 일이 쉽진 않지만 이런 나를 더 이상 부끄럽게 여기지 않는다. 나는 내향적인 사람일 뿐이다.

내 생각과 마음보다

남이 나를 어떻게 생각하는지를 더 고민했다

나는 그저 조금 소심하고 내성적인 아이였을 뿐이었다

있는 그대로 나를 받아주지 못한

어린 시절의 내게 미안하다

그때 난 왜 그랬을까

학교와 유치원을 마친 아이들을 데리고 집으로 돌아오는 길이었다. 여덟 살 선우가 인도에 버려진 콜라 캔을 줍는다. 집 앞 공원을 지나갈 땐 벤치 위의 플라스틱 음료수병을 주웠다.

"여기 쓰레기 버리면 안 돼! 재활용해야겠다!"

쓰레기를 줍는 선우를 보면서 여덟 살의 내가 떠올랐다.

학교를 마치고 집에 가는 길이었다. 그날따라 쓰레기가 눈에 들어왔다. 망설이다 검은 비닐봉지를 주워 과자 봉지, 휴지, 종잇조각 등을 담았다.

"그거 왜 줍는 거야?"

"그냥……."

누가 시킨 것도 아닌데 쓰레기가 줍고 싶었다. 누군가의 칭찬을 바란 게 아니었다. 내가 하고 싶고 기뻐서였다. 그때 지나가던 아주머니가 날 보더니 말했다.

"아이고, 착하다."

칭찬을 들었는데 기쁘기보다 부끄러웠다. 좋은 일에도 남의 시선을 더 신경 썼다. 왜 그렇게 부끄러워했을까. 자발적 쓰레기 줍기는 오래가지 못했다.

어두컴컴한 새벽. 안방 문을 살짝 열어봤다. 부모님이 주무시고 계신다. 자는 동생을 깨웠다. 1월 14일은 엄마 아빠의 결혼기념일이다. 동생과 방에서 풍선을 불어서 나왔다. 불 꺼진 거실에서 숨죽이며 '00주년 결혼기념일을 축하합니다' 글자와 풍선을 붙였다. 미리 준비해놓은 선물과 편지도 식탁 위에 올려 두었다. '아침에 일어났을 때 엄마 아빠가 좋아하시겠지?' 뿌듯한 마음을 안고 잠이 들었다. 다음 날, 엄마는 고맙다며 웃는 얼굴로 우리를 맞아 주셨다.

동생에게 편지 쓰기를 시켰다. 쓰라고 하면 곧잘 썼다. 내 편지가 감사를 담은 진지한 편지였다면 동생 편지는 엉뚱하고 재밌는 편지였다. 챙겨달라고 한 적도, 선물이나 편지를 바란 적도 없으셨지만 1년에 한 번 그렇게 부모님의 결혼기념일을 챙겼다.

연말이면 새 달력을 걸기 전에 헌 달력을 보면서 가족 기념일을 적어둔다. 침대에서 핸드폰을 보다가 불현듯 떠오른 1월 14일! '그날이 무슨 날이더라? 아 맞다! 엄마 아빠 결혼기념일이구나!'

4일이나 지난 날이었다. 달력에도 안 적어둔 걸 보니 작년 달력에도 적어두지 않았다. 엄마에게 바로 전화를 걸었다.

"엄마! 결혼기념일이었네! 깜빡했어."

"뭘. 우리도 잘 깜빡깜빡해."

"아빠랑 기념일 챙겼어? 뭐 했어?"

"그날 순대전골이 먹고 싶어서 같이 먹고 왔지."

학창 시절 때만큼은 아니더라도 엄마 아빠의 결혼기념일은 간단하게라도 챙겼었다. 결혼하고 아이가 생기면서 챙겨야 할 가족 기념일은 더 늘어났다. 시댁 제사는 형광펜으로 표시해놓고선 부모님 결혼기념일은 쏙 빼놓다니. 안 챙겨도 된다 할 수 있지만, 마음이 그렇지 않았다. 깜짝 놀라게 부모님을 기쁘게 해주고 싶었던 어린 시절 마음이 떠올랐다. 기념일을 챙긴다는 건 선물을 준비하고 파티를 하는 것만이 아니다. 제때 전화 한 통, 말 한마디라도 전할 수 있으면 되는데 그걸 잊어버렸다.

소풍 갈 때마다 용돈을 받았다. 친구들이랑 먹고 싶은 거 있으면 사 먹으라고 주신 돈이다. 그 돈을 음식보다 기념품 사는 데 거의 다 썼다. 지역 특산물이나 특산품, 장신구와 장식품을 샀다. 이건 엄마 거, 이건 아빠 거, 이건 동생 거 하면서 가족에게 줄 선물을 골랐다. 기뻐할 모습을 상상하는 것만으로도 미소가 지어졌다. 이런 거 안 사와도 된다고 먹고 싶은 거 사 먹으라고 했지만, 학창 시절 내내 소풍 가서 기념품 사 오기는 계속되었다.

간소한 삶을 지향하면서부터 라이프 스타일도 바뀌었다. 정리할 때마다 이걸 대체 왜 샀을까 싶은 물건이 한둘이 아니다. 이제 쓸 데없는 기념품은 사지 않는다.

내향인은 에너지가 안으로 향하는 사람이다. 어렸을 때 가족을 생각하는 마음이나 쓰레기를 줍던 일은 내 안의 무언가가 순수하게 동해서 행동한 일이다. 하기 싫은 일을 해야 할 땐 마음이 움직이지 않아 괴롭다. 그래서 생각을 긍정적으로 바꾼다. 어차피 해야 할 일이라면 내 마음이 힘들지 않게 좋은 쪽으로 생각하려고 한다. 화장실 청소에 걸리면 툴툴거리기보다 더 깨끗이 하려고 했다. 과제가 많아도 불평보다는 내게 도움이 되는 공부라 여기며 해갔다.

아이들이 색칠하고 그린 그림을 엄마 아빠 선물이라며 가져온다. 큰아이는 색칠한 종이를 한 장 한 장 접어서 다른 종이로 포장한다. 그런 다음 빈 상자에 엄마 선물, 아빠 선물이라고 적어서 전해

준다. 하나씩 포장한 그림을 뜯어볼 때 아이 표정은 기대로 가득하다. 멋지다는 한마디에 활짝 웃는다. 사랑하는 가족에게 뭐라도 선물하고 싶은 마음, 기쁘게 해주고 싶은 그 마음은 안에서부터 우러나온다.

그때 난 왜 그랬을까 하던 일을 곰곰이 생각해본다. 대수롭지 않게 여기며 지나갈 수도 있는 일을 곱씹어 본다. 어린 시절과 성장기의 내 마음을 가만히 들여다보면 알게 된다. 나는 내 안의 순수한 감정을 소중히 여길 줄 아는 사람이었다는 걸.

어린 시절과 성장기의 내 마음을
가만히 들여다보면 알게 된다
나는 내 안의 순수한 감정을
소중히 여길 줄 아는 사람이었다는 걸

가장 나다워지는 관계

전형적인 외향인 이라 할 만큼 외향성이 두드러지는 친구가 있었다. 반장을 도맡아 하고 과장된 몸짓과 표정으로 친구들 웃기는 걸 좋아했다. 학교 축제 날 선생님들의 성대모사를 똑같이 따라 하면서 관객석을 뒤집어 놓았다. 완전히 무대 체질인 친구였다. 남에게 피해가 가지 않는 선에서 타인의 시선은 신경 쓰지 않고 마음 가는 대로 행동했다. 나는 못 하는 행동들을 거침없이 하는 친구를 보며 대리 만족했다. 어떨 땐 함께 있음으로써 따라오는 시선이 부담스럽기도 했다.

초등학교 6학년 때 딱 한 번 같은 반이 되었는데도 지금까지 연락을 이어오는 친구가 있다. 내향인 이란 기질만 같았다 뿐이지 여러모로 나와 달랐던 친구였다. 공부는 물론 미술, 체육도 잘하고 성격이 좋아 친구도 많았다. 본인은 싫다고 하지만 옆에서 부추겨서 반장이 되던 친구였다. 조용하고 차분한 성격에 함께 있으면 별 얘기 아닌데도 웃고 즐거웠다. 같은 중학교에 진학했어도 3년 내내 다른 반이었다. 그런데도 사이가 멀어지지 않았다. 시험이 끝나면 함께 영화를 보러 갔다. 오랜만에 연락해도 어색하지 않고 반가운 친구다. 지금까지 연락하고 지내는 친구들은 대개 내향인 이다.

아기도 아닌데 낯을 많이 가린다. 처음 만나는 자리에서 편하게 분위기를 만드는 사람이 부럽다. 누구와 있어도 어색하지 않고 대화가 끊기지 않는 사람. 남편이 그랬다. 5년 연애하고 결혼을 한 뒤에도 외향적인 사람이라 생각했다. 본인은 내향인에 가깝다고 했지만 믿어지지 않았다. 앞장서서 무언가 하길 좋아하고 의견을 내는 사람, 앞에서 가르치는 일을 즐거워하는 사람이 내향적이라고? 남인숙 작가의 《사실 내성적인 사람입니다》를 읽고 난후 남편에 대해 다르게 이해하게 됐다.

혼자 있는 게 아무리 좋아도 타인과 관계를 맺으며 살아갈 수밖에 없다. 공개적인 자리에 서거나 대화를 이끌어야 할 상황이 오면 '사회성 버튼'을 누른다. 저자는 사람들과 어울리면 외향성은 본성의 표현이 아니라 상대를 향한 예의와 배려가 된다고 말한다. 바깥에서는 '외향인 ON' 상태로 있다가 혼자가 되어서야 본

연의 모습으로 돌아온다. '사회성 버튼'이란 말도 새로웠지만, 겉으로 외향적으로 보여도 그게 다가 아닐 수도 있음을 알게 되었다. 남편에게 이 얘길 하니 자기도 사회성 버튼을 누른다고 했다. 앞에서 강의하는 것을 좋아하지만 부담도 되고 스트레스도 받는다고, 서로 눈치만 보고 있는 상황이 싫어서 내가 하겠다 하는 거라고 말했다.

100을 기준으로 내가 100에 가까운 내향인 이라면 남편은 외향인과 내향인 그 중간쯤 있는 사람이라 할 수 있었다.

중학교 2학년 때 사춘기가 왔다. 고구마 100개를 먹은 것처럼 가슴이 답답했다. 나는 왜 이럴까부터 내 성격은 왜 그럴까 등 온갖 부정적인 말이 나를 향하고 있었다. 밝은 성격의 친구들이 마냥 부러웠다. 그들과 나를 비교하며 끝없는 우울감에 빠져들기도 했다. 성격을 바꾸고 싶었지만, 마음먹은 대로 되지 않았다. 중학교 시절을 통틀어 2학년 때가 가장 존재감 없이 지나간 해였다. 기억에 남는 일도 거의 없을 정도다.

3학년으로 올라가서 마음 맞는 친구들을 사귀게 되었다. 학교 가는 게 즐거웠다. 쉬는 시간 10분 안에 친구와 매점으로 뛰어가 군것질하기, 점심 먹고 휴게실에서 수다 떨기, 시험 기간 때 독서실에서 함께 공부하기, 어느 고등학교를 지망할지 고민하기 등 3학년 때의 기억이 제일 선명하게 남아 있다. 여전히 외향적인 사람을 부러워하기는 했지만, 성격에 대한 고민은 점점 줄어들었다.

친하게 지내던 친구 대부분이 중학교와 같은 재단 고등학교를 지원했다. 버스로 등하교하고 있던 나는 집과 가까운 고등학교를 선택했다. 학교는 달라도 고등학교, 대학교에 가서도 연락을 이어 갔다. 갑자기 결혼 소식을 전했을 때도 중학교 친구들이 모두 와 주었다. 오랫동안 연락하며 지내는 친구들은 나와 비슷한 내향인 이라는 사실이 새삼 놀랍다. 왜 그럴까 생각해봤다. 애쓰지 않아도 되고, 있는 그대로의 나를 좋아해 주는 관계였기에 오래 갈 수 있었다.

사회생활을 할 때도 마찬가지였다. 대학 졸업 후 곧바로 병원에 취업해서 일을 시작했다. 첫 근무지인 인공신장실에서 고등학교 때 가장 친했던 친구를 동기로 다시 만났다. 존재만으로도 큰 의지가 되었다. 내가 윗년차 눈치를 보며 무조건 "네." 대답할 때도 아닌 건 아니라고 답하던 친구였다. 일도 똑 부러지게 잘했다.

또 한 명은 '나보다 목소리가 작고 내성적인 사람도 있구나!' 생각이 들게 하는 친구였다. 둘이서 이야기하고 있으면 옆에 있던 사람들이 서로 말하는 목소리는 들리냐며 웃을 정도였다. 우린 평소 목소리로 이야기하는 건데 주위에서는 귓속말하듯 소곤소곤 말하는 것 같다고 했다. 그 친구는 퇴사 후 스피치 학원에 다니며 발성과 말하기를 연습했다. 지금은 식당에 가더라도 중저음의 또렷한 발음으로 주문한다. 훨씬 자신감 있어 보였다. 퇴사 후 다 같이 처음 모였을 때, 달라진 친구의 모습에 우리는 놀랄 수밖에 없었다. 학원에 다니며 스피치 연습하는 과정이 생각보다 더 힘들었다고 했다. 바꾸고자 하는 의지만 있다면 발음과 목소리의 크기도 변할 수 있음을 보여 준 산증인이다.

마지막 동기는 대학생 때 2년을 같은 반으로 지낸 친구였다. 친해지고 싶었는데 가까워질 기회가 좀처럼 생기지 않았다. 대학생 땐 내가 타지인이었지만 이번엔 그 친구가 타지에서 병원 생활을 시작하게 되었다. 넷 중에서 가장 활동적인 친구여서 새로운 것을 배우고 사람 만나는 걸 좋아한다. MBTI 검사를 했을 때 우리 중 유일한 E형(외향형)이었다.

우리 넷은 끈끈한 동기애로 뭉쳤다. 신규 간호사의 서러움, 일의 고단함은 수다로 다 떨쳐버렸다. 너희 같은 동기도 보기 힘들다며 윗년차 선생님들도 부러워했다. 각자의 사정으로 함께 근무한 것은 1년밖에 되지 않지만, 그 1년은 다시 없을 행복한 해였다. 콘

퍼런스도 넷이서 가면 여행 가는 것 같았다. 밤새도록 수다 떨 생각에 1박 2일로 약속을 잡기도 한다. 어떤 이야기를 해도 웃음이 떠나지 않고 편안하다. 동기들과의 만남은 에너지를 얻어온다. 만나기 전과 만나고 온 뒤에도 생활에 활력을 불러일으킨다.

지금까지의 인간관계를 되돌아보면 사회적 가면을 쓰거나 사회적 버튼을 누를 필요 없는 관계가 오래갔다. 가장 나다워지는 관계다. 같은 기질을 가진 사람은 말하지 않아도 통하는 부분이 있다. 이해시킬 필요도 없이 이해하게 된다. 자연스럽게 나를 드러내게 되고 속 깊은 이야기도 주고받는다. 친구들에게 먼저 연락을 잘 하지 않는 편이다. 친구들도 나와 비슷하다. 하지만 누가 먼저 연락하더라도 반갑고 어제 만난 사이처럼 이야기를 나눈다. 잘 살고 있느냐고, 어떻게 지내고 있느냐고 오늘은 내가 먼저 연락을 해봐야겠다.

같은 기질을 가진 사람은
말하지 않아도 통하는 부분이 있다
이해시킬 필요도 없이 이해하게 된다
자연스럽게 나를 드러내게 되고
속 깊은 이야기도 주고받는다

부끄럽고 떨리는 일

"넌 참 얘기를 잘 듣는다~ 울 엄마는 나 말 많다고 그만 좀 말하라고 하는데. 너 보면 엄청 좋아할 거 같다! 나보고 맨날 말 좀 줄이고 차분해지라고 하거든."

고등학교 2학년으로 올라가던 날, 친했던 친구들과 헤어져 각자 배정받은 낯선 반으로 이동했다. 어색한 공기가 반 전체를 감쌌지만, 목소리 큰 아이들은 어딜 가나 있었다. 벌써 친구가 생긴 것인지 그들의 친화력이 놀랍기만 했다. 옆자리 친구와 우연히 몇 마디 주고받게 되었다.

새로 사귄 친구는 말하기를 좋아했다. 나는 말하기보다 주로 듣는 쪽이다. 우리는 금세 가까워졌다. 말수가 적은 나를 오히려 부러워하던 모습 때문에 첫 만남이 기억에 남는다. 서먹함 속에서 먼저 말 걸어준 게 고마웠는데 친구도 나와 얘기하고 싶어서 용기를 냈다고 한다. 조용한 성격이면서 말하기를 좋아하는 친구들과 가까워졌다. 편한 관계 속에서는 듣는 것도 말하는 것도 즐겁다.

여섯 살, 유치원 재롱잔치 날이었다. 노란 저고리에 빨간 한복을 입고 진한 화장을 한 채 마이크 앞에 섰다. 뒤쪽 구석에 앉아 있는 엄마와 남동생이 보였다. 고개를 푹 숙이고 떨리는 목소리로 구연동화를 이어갔다. 전날 밤, 자기 전까지 엄마와 함께 외운 토끼와 거북이 이야기였다. A4 용지 한 장 가득한 내용을 열심히 외웠지만 어떻게 말할지는 연습하지 않았다. 웅얼웅얼 말하며 어서 끝나기만을 바랐다. 유치원 앨범 속 나는 누가 봐도 부끄러워 어쩔 줄 몰라 하는 모습이었다.

2018년 한 해 중 가장 잘한 일은 글쓰기 수업을 들은 것이다. '내 이름으로 된 책 한 권 내고 싶다.'라는 막연한 꿈을 이루게 해준 일이었다. 남편에게 세 살, 네 살이던 두 아들을 맡기고 창원으로 수업을 들으러 갔다. 수업을 들을 때마다 글을 쓰고 싶다는 욕망에 가슴이 두근거렸다. 매일 정해진 분량의 글을 채워나갔다. 아이들 보는 틈틈이 글을 썼다. 매일 글 쓰는 습관이 잡혀 있지 않아 처음에는 온종일 걸렸다. 늦은 밤이 되어서야 그날 써야 하는 분량을 끝마칠 수 있었다. 그때의 쾌감이란! 그 뿌듯함을 기억하며 다음 날도 글쓰기를 이어갔다.

드디어 책 한 권 분량의 초고가 완성되었다. 초고가 완성되고 출판사에 투고만 하면 바로 연락이 올 줄 알았다. 거절 메일만 돌아오던 날이 이어졌다. 내 글이 별로인가 의기소침해질 무렵이었다. 글쓰기 수업에서 수강생들을 대상으로 비전 선포식을 개최한다고 했다. 책을 출간한 작가도, 나처럼 아직 책을 출간하지 못한 예비 작가도 모두 모이는 자리였다. 가고 싶었다. 좋은 에너지를 받아 오고 싶었다. 남편에게 얘기했더니 선뜻 함께 가자고 했다. 아이들과 다 같이 대구로 갔다. 서로 안면이 있는 사람들은 반갑게 인사를 나누며 화기애애한 분위기였다. 우리는 어색하게 자리를 지키고 앉아 있었다.

아이들은 가만히 있질 못했다. 남편은 행사에 방해가 되지 않게 두 아이를 데리고 중간에 나갔다. 책을 출간하고 행사에 도움을 준 작가들의 무대 인사가 이어지고 있었다. 그 모습을 보며 '나도 언젠가 내 책을 낼 수 있을 거야.' 생각했다. 그때 강의해주신 작가님이 다가와 살짝 귀띔해주었다.

"다음은 안현진 작가님 차례니까 준비하고 있어요~"

"네에?! 작가님 아니에요~ 저 못해요……."

그러나 이미 늦었다. 그 말만 하고 가버렸다. 지금 생각하면 귀띔이라도 안 주었으면 얼마나 당황스러웠을까 아찔하다.

입술은 바짝바짝 마르고 가슴은 쿵쾅쿵쾅 뛰기 시작했다. '저 무대 위에 내가 올라간다고? 어떤 말을 해야 하지? 살짝 나가버릴까?' 짧은 순간에 오만가지 생각이 오갔다. 그 사이, 간단한 내 소개와 함께 이름이 불렸다. '아잇. 나도 모르겠다!' 자리에 일어서서 하얀 스포트라이트가 비치는 무대 위로 올라섰다. 50여 명이 넘는 사람들 앞에서, 그것도 모두가 나를 바라보는 무대에서 말하는 것은 처음이었다. 떨리는 마음을 가라앉히고 머릿속에 떠다니는 말을 천천히 이어 나갔다. 의외로 차분하게 말이 나왔다. 조명 때문에 앉아 있는 사람들의 얼굴이 잘 보이지 않았다. 하지만 느낄 수 있었다. 사람들이 내게 보내주는 따뜻한 시선과 응원의 마음이 전해져 왔다. 5분도 안 되는 시간이었지만 떨림은 한동안 가시질 않았다. 행사가 끝나고 집에 돌아온 뒤에도 그 여운이 오래갔다. 먼저 인사하며 응원한다고 말해주는 사람도 있었다. 생각했던 것보다 더 큰 에너지를 받고 왔던 날이었다.

준비되지 않은 채 무대에 올라갔지만 어떤 이야기라도 할 수 있었던 건 평소 써왔던 글쓰기 덕분이다. 글을 쓰면서 정리된 생각이 말로 나왔다. 뛰쳐나가고 싶을 만큼 떨리는 일이었다. 하지만 도망가지 않았다. 있는 용기 없는 용기 쥐어 짜내 올라섰던 그 짧은 순간을 잊지 못한다. 스스로에게도 큰 힘이 되었다. 천하의 부끄럼쟁이인 나도 무대 위에서 말할 수 있구나. 의외로 논리정연하게 말할 수 있는 사람이구나. 내게 큰 경험을 안겨준 하루였다.

처음 온라인 독서 모임에 참여했을 때도 그랬다. 일주일에 한 권 지정 도서를 읽고 줌(Zoom)으로 책에 관한 이야기를 나누었다. 노트북 화면에 내 얼굴이 뜨고 돌아가며 말하는데 그것마저도 떨렸다. 모임 시간이 다가오면 가슴이 뛰었다. '오늘은 건너뛸까⋯⋯.' 하는 마음이 매주 일었다. 누가 독서 모임 하라고 등 떠민 것도 아닌데 모임 시작 전까지 '해, 말아.' 혼자만의 싸움을 이어갔다. 그날 이야기할 내용을 A4 용지 한 장에 쭉 써 내려갔다. 쓰면서 생각을 정리하고, 읽어보면서 말하는 연습을 했다. 회를 거듭할수록 사람들의 참여도는 점점 낮아졌지만, 끝까지 함께 했다. 시작한 일을 끝까지 해냈다는 성취감이 들었다. 무엇보다 두려워하는 일을 조금이라도 깨고 나오려 노력하는 내가 좋았다. 이때의 경험이 해보지 않은 일에 도전할 때 '넌 할 수 있어. 일단 시작하면 잘 해낼 거야.' 자기 믿음을 심어주었다.

누구에게나 두렵고 떨리는 일이 있다. 그 일을 마주하게 되었을 때 피하지 말고 조금만 용기를 내본다면 어떨까? 그 용기는 배가 되어 내게 '경험'으로 되돌아온다. 여전히 부끄럼을 많이 타고 낯선 이들 앞에서 말하는 것이 어렵지만 피하지 않는다. 조금만 더 힘을 내어 보기로 한다. 그리고 내가 할 수 있는 준비를 한다. 망설여지고 두려운 일에 약간의 용기와 미리 준비하는 마음만 있으면 어떤 일이든 해나갈 수 있다고 그간의 경험이 내게 말해준다.

망설여지고 두려운 일에 약간의 용기와

미리 준비하는 마음만 있으면 어떤 일이든 해나갈 수 있다고

그간의 경험이 내게 말해준다

날 부르지 마요

수학 시간, 선생님이 칠판에 문제 네 개를 적었다.

"오늘 며칠이지? 24일. 24번! 34번! 14번! 4번! 나와서 문제 풀어."

드르륵. 의자 끄는 소리가 여기저기서 들리고 네 명의 아이가 칠판 앞에 섰다. 그중 24번인 나도 있었다.

모르는 문제다. 하얀 분필을 들고 칠판을 바라보는데 식은땀이 흘렀다. 뭐라도 적어야 할 것 같은데, 갈 곳 잃은 손은 칠판만 맴돌았다. 옆에 선 친구는 칠판 바닥까지 빼곡히 쓰면서 풀어나갔다. 등 뒤 시선이 따가웠다. 칠판 앞에 서 있는 것도 부끄러운데 문제까지 못 풀고 있으니 어디라도 숨고 싶었다. 오늘이 24일인 게, 내가 24번이라는 게 원망스러울 뿐이었다. 자리로 돌아오는 길이 멀게만 느껴졌다.

"자, 다들 어제 내준 숙제해 왔지? 누가 한번 발표해볼까?"

선생님의 한마디에 조용해졌다. 나도 고개를 숙이고 교과서만 바라보았다. 뒷자리에 앉았음에도 선생님의 시선이 느껴졌다. 왠지 내 이름이 불릴 것 같았다. 예상은 빗나가지 않았다. 호명과 동시에 자리에서 벌떡 일어섰다. '하필 이 문제가 걸릴 게 뭐야.' 초등학교 3학년 국어 시간이었다. 교과서 지문을 읽고 문제를 풀어오는 것이 전날 숙제였다. 지문에 나온 문장처럼 '~을 묘사하시오.'라는 문제였다. 묘사라는 단어를 처음 들어봤다. 엄마에게 묘사가 뭔지 물어봤다.

"음. 글쎄…… 눈에 보이는 대로 쓰는 건가?"

엄마도 잘 모르는 듯했다. 숙제는 해가야 하니까 엄마가 말한 '눈에 보이는 대로' 최대한 그것을 표현해 보려고 했다. 교과서에 써 간 세 줄의 짧은 글을 읽었다.

"오, 잘했어. 현진이가 묘사를 참 잘 짚어냈네."

예상치 못한 칭찬에 얼떨떨했다. 묘사가 뭔지 정확히 알지도 못하고 해간 숙제에서 칭찬받다니! 그 뒤로 묘사는 잊을 수 없는 단어가 되었다. 글을 쓸 때도 그 풍경이 눈에 그려지도록 쓰는 게 좋음을 알게 되었다.

내 번호가 불리기를! 나를 시켜주기를 바랐던 수업도 있었다. 한자와 일본어 시간이었다. 선생님도 수업도 모두 재밌어서 늘 기다려지는 시간이었나. 매시간 발표시키니 예습을 안 해갈 수 없었다. 미리 공부한 만큼 수업 이해도 잘 되고, 발표시켜도 답을 말할 수 있는 자신이 있었다. '언제 걸려도 다 답할 수 있어!' 수업 시간 내내 자신감에 차 있었다. 한자와 일본어 과목의 전교생 평균 점수가 국어, 영어, 수학보다 20점가량 높은 이유가 있었다. 주 과목보다 부담이 덜하고 수업도 재밌고 나처럼 예습해오는 친구도 많았다.

사람들의 주목을 받는 게 떨려도 알 때와 모를 때 느끼는 부끄러움의 종류가 달랐다. 정답을 알 때는 부끄러움에 떳떳함이 추가되었다면 정답을 몰랐을 땐 부끄러움만 남았다. 수학처럼 잘해야 한다고 생각하는 과목은 점점 어렵게만 느껴졌다. 모르면 모를수록 자신감이 더 떨어졌다.

초등학교 3학년 때 배운 묘사가 아직도 선명하게 남아 있는 이유는 발표와 더불어 선생님의 칭찬 덕분이다. 그때부터 국어 시간에 내주는 숙제는 더 열심히 해가려고 했다. 국어 숙제는 교과서에 실린 지문을 읽고 문제를 풀어 가는 게 대부분이었다. 모르는 질문이 나오면 비워두고 아는 것만 적어갔다. 묘사에 대한 발표 이후로 몰라도 비워두는 곳 없이 뭐라도 써서 갔다. 맞고 틀리고를 떠나서 무슨 얘기라도 할 수 있으니 나름의 준비를 해간 것이다. 수학처럼 문제의 정답만 있는 게 아니라 내 생각을 쓰는 것도 많았다. 그래서 딱 떨어지는 정답보다 해석에 따라 정답이 될 수도 있고 안될 수도 있는 국어 시간이 더 좋았다.

"오늘이…… 19일. 19번! 000 쪽 두 번째 문단부터 읽어보자."
교과서 지문 읽기에 걸리면 읽고 있는 내용이 머릿속에 들어오지 않는다. 조용한 교실 한가운데 울리는 내 목소리에만 신경이 쓰인다. 틀리지 않게 읽으려고 글자 한 자 한 자에 집중한다. 교과서를 잡은 두 손과 어깨에 힘이 잔뜩 들어갔다. 반에 부끄러움이 아주 심한 친구가 있었다. 들리지도 않을 만큼 작은 소리로 읽었다. 선생님은 더 크게 다시 읽기를 시켰다. 조금 더 커졌지만, 여전히 작았다. 목소리에서 반 친구의 떨림이 느껴졌다. 나보다 더 부끄러움이 많은 아이라 대신 읽어주고 싶어질 정도였다. 처음 읽을 때 단번에 끝내는 게 나았다. 작은 목소리였던 나도 지문 읽을 때만큼은 입을 크게 벌리고 배에 힘을 주었다. 다음 번호로 넘어간 뒤에야 긴장이 풀렸다. 심장만큼은 계속 쿵쾅쿵쾅 뛰었다. 지문 읽는 게 뭐라고, 이렇게까지 떨릴 일인가.

큰 목소리로 자신감 있게 읽는 친구, 칠판 앞에서 막힘 없이 문제를 풀어나가는 친구가 부러웠다. '저 아이는 어쩜 저렇게 차분하게 읽지? 꼭 아나운서처럼 읽네.', '척척 문제 푸는 친구들은 좋겠다.' 학창 시절, 나는 그런 친구들만 눈에 보였다. 지나고 나서 생각해보면 자기 번호가 불릴 때마다 떨리지 않았을 친구가 얼마나 있었을까.

왜 이렇게 남의 시선을 의식하는 걸까 궁금했다. 잘하고 싶은 마음 때문이었다. 잘하지 못해도 나한테만 떳떳하면 된다. 그 떳떳함은 내가 조금이라도 노력했다는 마음에서 나온다. 정답을 맞히지 못해도 '이거 어제 봤던 건데! 이게 아니었구나.' 하고 넘어간다. 그 부분은 기억에도 더 남는다. 예습을 잘해서 성적을 올린다는 것보다 미리 준비해 갔다는 마음이 그 수업을 대하는 내 자세를 달라지게 했다. 자신감도 쌓이고 수업도 재밌다. 잔뜩 굳은 채 움츠려 있을 필요 없다. 수업 시간 내내 긴장하는 것보다 한 번이라도 보고 가는 게 낫다. 태도가 자신감을 만든다.

왜 이렇게 남의 시선을 의식하는 걸까 궁금했다

잘하고 싶은 마음 때문이었다

잘하지 못해도 나한테만 떳떳하면 된다

그 떳떳함은 내가 조금이라도 노력했다는 마음에서 나온다

수포자가 되고 싶지 않다면

초등학교 4학년 때 남동생과 웅진씽크빅이라는 학습지를 했었다. 씽크빅 선생님은 일주일에 한 번 집에 오셨다. 키가 작고 턱선까지 오는 단발머리에 동그란 안경을 썼다. 차분하고 편안한 목소리를 가진 선생님이었다. 주말에 선생님 집에 공부하러 오라고 했다. 걸어서 30분 정도 되는 길을 주말마다 동생과 다녔었다.

아파트 1층, 평범한 가정집이었다. 우리에겐 학습지 선생님이었지만, 우리보다 어린 초등학생 아들 둘 엄마이기도 했다. 작은 방을 공부방으로 쓰고 있었다. 방 하나를 가득 채우는 둥근 책상이 있었다. 그곳에서 나이도 성별도 다른 아이들이 둘러앉아 각자의 문제집을 풀었다. 모두 선생님이 방문하는 집 아이들이었다. 3단짜리 작은 책장에는 학년이 다른 학습지와 문제집이 꽂혀 있었다. 3면의 벽에는 곱셈, 나눗셈 브로마이드와 칭찬 스티커를 붙이는 큰 브로마이드가 여러 장 붙어 있었다. 동생과 내 이름 칸도 있었다. 원하는 시간만큼 자유롭게 공부하고 집에 갈 때 스티커를 하나씩 붙였다. 그때마다 이번 주도 오길 잘했다고 생각했다.

거실에는 선생님의 아들들이 친구들과 뛰어놀고, 현관문은 찾아오는 학생들로 수시로 열리고 닫혔다. 공부방도 우리보다 어린아이들이 많아 정신없었다. 그런데도 화내는 모습을 본 적이 없다.

동생과 주말이면 가지 않아도 되는 선생님 집을 오가는 데는 이유가 있었다. 소란스럽지만 편안했던 선생님 집이 좋았다. 집으로 돌아오는 길에 어묵 한 개씩 사 먹는 재미도 있었다.

초등학교 4학년 때 처음 나눗셈을 배웠다. 학교에서 나눗셈을 배우고 쪽지 시험을 봤다. 열 문제 중 열 개를 다 틀렸다. 빵점 받고 난 뒤, 선생님과 집중적으로 나눗셈을 공부했다. 나눗셈의 개념이 이해되지 않았다. 나는 왜 이렇게 이해가 느릴까. 답답했다. 하지만 선생님은 옆에 앉아서 이해될 때까지 설명해 주고 스스로 풀 수 있도록 기다려주셨다. 짜증 한 번 안 내셨다. 문제를 계속 풀어나가다가 '아! 알겠다! 드디어 알겠어!' 나눗셈의 개념을 깨우친 순간이 왔다. 문제가 술술 풀렸다. 두 자릿수, 세 자릿수로 늘어도 혼자 풀 수 있었다. 나눗셈하면 씽크빅 선생님이 함께 떠오른다. 선생님 개인 사정으로 중간에 다른 선생님으로 바뀌었다. 선생님 집에도 더 이상 가지 않았다. 얼마 안 가 학습지를 끊었다.

동생에게도 그 시절 그 시간은 좋았던 기억으로 남아 있었다. 열한 살, 아홉 살 남매에게 따뜻하고 포근한 기억을 심어준 학습지 선생님. 지금은 어떻게 지내고 계실까.

엄마가 되어보니 선생님이 더 대단하게 느껴진다. 일하는 엄마, 두 아들의 엄마로도 힘들 텐데 주말엔 집에까지 아이들을 불러 공부를 봐주다니. 자신만의 시간이라곤 없었을 것 같다. 그러면서 어떻게 화 한 번, 짜증 한 번 내지 않을 수 있었을까. 그런 선생님을 만났다는 게 행운이었다.

중학생 때까지 살던 아파트 상가에는 슈퍼마켓, 세탁소, 오락실, 책·비디오 대여점, 정육점, 학원이 있었다. 1층 슈퍼마켓과 정육점 사이의 좁은 길을 따라 계단을 올라가면 길 위의 지상 1층이 나온다. 그 위에 수학 학원이 있었다. 초등학교 5학년 때 그 학원에 다녔다. 잘 가르쳐준다는 얘기를 듣고 엄마가 다녀볼래 물어봤다. 가겠다고 말한 게 학원 다니는 내내 후회되었다.

소수 반으로 운영되는 수학 학원은 여자 선생님 혼자 가르쳤다. 눈썹이 짙고 쌍꺼풀이 있는 큰 눈이었다. 쇄골까지 오는 샤기 컷에다 양옆으로 주머니가 달린 펑퍼짐한 카고바지를 자주 입고 있었다. 목소리는 크고 굵었다.

학원이라기보다 공부방에 가까웠다. 문을 열고 들어가면 선생님 책상과 상담하는 책상이 놓여 있다. 옆에 작은 방이 하나 있었는데 그곳에서 수업하고 문제를 풀었다. 칠판에 그날 진도 내용을 설명하고 나면 문제를 푼다. 문제를 풀 때면 조용하다 못해 숨이 막힌다. 못 풀고 있으면 선생님이 다가와 1:1로 설명해 준다. 그래도 이해를 못 하면 목소리가 점점 커지고 날카로워진다.

"다시 풀어봐!"

그 목소리에 주눅이 들어 심장은 더 쿵쾅댔다. 머릿속은 더 이상의 회전을 멈춰 버린 것 같았다. 모르겠지만 가만히 있으면 더 혼날 것 같아서 끄적끄적 풀었다.

"아니! 그게 아니잖아! 어휴 참!"

지우개로 내가 쓴 풀이를 종이가 찢어질 듯 지웠다.

"이게 이해가 안 돼? 다시 풀어봐!"

눈물이 나오는 걸 꾹 참았다. 선생님이 무서워 학원에 가기 싫었다. 학원 갈 시간만 되면 다른 일은 하지 못하고 시계만 확인했다. 배가 아픈 날도 종종 있었다. 집에서 학원으로 가는 상가를 통하는 길, 슈퍼마켓과 정육점 사이의 어두운 길을 지나 계단으로 올라가는 그 길을 최대한 천천히 걸어갔다. 걸어가는 동안 오늘도 무사히 지나가기만을 바랐다. 문을 열고 선생님에게 인사했다.

자리에 앉아 수학 문제집을 펼쳤다. 소수 반이라지만 거의 1:1 과외였다. 같이 수업 듣고 인사하는 친구가 없었다. 철저히 혼자인 곳이었다. 학년이 섞여 있을 때도 있었다. 수업받는 동안 맨 뒷자리에서 혼자 문제를 풀던 중학생 오빠가 있었다. 설명이 끝나고 내가 문제를 푸는 동안 선생님은 그 오빠에게 갔다. 잠시 뒤 선생님 목소리가 좁은 공간에 울려 퍼졌다.

"넌 이것도 이해 못 해?! 이게 아니잖아! 몇 번을 얘기하니!"

내가 혼나는 것처럼 가슴이 뛰었다. 선생님이 매번 혼만 냈던 건 아니었다. 어느 날은 무서울 만큼 상냥할 때도 있었다. 이해가 쏙쏙 되는 날도 많았다. 수학 성적이 올랐다. 가기 싫었지만, 성적이 오르니 조금만 더 참고 다녀보기로 했다. 엄마에겐 선생님 얘기는 하지 않았다. 그렇게 몇 개월이 흘렀다. 성적이 오르는 것도 그때뿐 답답하고 무섭다는 마음은 커져만 갔다. 학원을 그만둔 후 성적이 떨어졌다. 하지만 자존감만큼은 더 떨어지지 않았다. 마음이 편해졌다.

따스함과 무서움으로 학생을 대하던 두 선생님이 동화 속 해님과 바람 같다. 수학은 내게 어려운 존재였다. 잘하고 싶지만, 마음만큼 잘되지 않았다. 이해가 느린 편이라 다른 아이보다 더 큰 노력이 필요했다. 진도가 나가니 이해가 안 되는데도 넘겨버렸다. 수학을 포기하는 사람을 수포자라고 한다. 수능을 앞둔 고3이 되면 수포자가 속출한다. 포기한다는 말이 패배자가 되는 것 같아 마음만큼은 끝까지 수포자가 되지 않으려고 했다. 하지만 수학 성적은 수포자와 다름없었다.

어떻게 하면 수학을 포기하지 않을 수 있었을까. 모르면 묻고 또 물었어야 했다. 물어보는 게 부끄러워 넘겨 버린 게 지금까지 후회스럽다. 모르는 게 부끄러운 게 아니라 모르는데도 아는 척 넘어가는 게 더 부끄러운 행동이었다. 학습지 선생님처럼 기다려주고 편안한 선생님만 만날 수 있는 건 아니다. 수학 학원 때처럼 무서움을 참고 다닐 필요도 없다. 선생님이 아니어도 편한 친구에게라도 묻고 배웠어야 했다. 모르는 걸 자꾸 넘기다 보니 나중에는 수학을 놓을 수밖에 없었다. 그걸 알았을 땐 이미 늦었다. 무언가를 포기하고 싶지 않다면 내향적인 성격도 극복해야 하는 순간이 있다.

어떻게 하면 수학을 포기하지 않을 수 있었을까

모르면 묻고 또 물었어야 했다

물어보는 게 부끄러워 넘겨 버린 게

지금까지 후회스럽다

배드민턴 선수가 될 뻔하다

방학을 앞둔 초등학교 3학년 여름이었다. 운동장에서 체육 수업을 하고 교실에 들어갔다. 다음 수업이 막 시작되려던 참이었다. 담임 선생님이 불러서 복도로 나갔다. 체육 선생님이 서 있었다. "너 운동 한번 해 볼래? 키도 크고 체격도 좋고. 배드민턴 하면 딱 좋겠는데. 있다가 수업 마치고 교무실에 들렀다 가." 학교를 대표하는 나무와 꽃이 있듯 특성화하는 운동도 있다. 내가 다닌 초등학교는 여자 배드민턴 꿈나무를 키우는 학교였다. 전국 체전에서 상을 휩쓸 만큼 유명했다. 정문에는 배드민턴 관련 우승 플랜카드가 항상 걸려 있었다. 아침 전교 조회 시간에도 배드민턴 대회 우승 상장과 메달 전달식을 자주 봤었다. 방과 후, 교무실에 가니 키가 크고 마른 아이, 키가 작은 아이, 나보다 나이가 어린 아이, 언니 따라온 아이가 있었다.

체육 선생님은 우리를 데리고 근처에 있는 여자 고등학교로 갔다. 집에서 걸어서 10분 거리에 있던, 훗날 내가 졸업한 모교이기도 하다. 처음으로 가본 여고였다. 초록 잎이 무성한 나무들과 색색의 꽃이 피어 있는 화단, 분수가 있는 작은 연못을 지나자 강당이 나왔다. '여고는 이렇게 다 예쁜 곳인가?' 생각하며 선생님 뒤를 따라갔다. 넓은 강당 한가운데 배드민턴 그물이 두 개 처져 있었다. 쇼컷트 머리의 언니들이 반팔 반바지를 입고 배드민턴을 치고 있었다. 옆에서 혼자 라켓을 쥐고 공 없이 치는 연습을 하는 언니들도 있었다. 얍! 얍! 하는 기합 소리가 울려 퍼졌다.

체육 선생님이 배드민턴 코치님에게 인사를 시켰다. 코치님은 배드민턴이 어떤 건지 라켓도 잡아 보게 하고 공도 처보도록 했다. 우리 학교가 전국에서 배드민턴으로 알아준다고, 대회 나가서 상도 받고 장학금도 받는다고 했다. 집에 가서 부모님이랑 잘 얘기해보고 꼭 다시 보면 좋겠다고 했다. 얼떨떨한 기분으로 집에 왔다. 엄마는 베란다에서 빨래를 널고 있었다. 오늘 있었던 일에 관해 얘기했다.

"배드민턴? 운동이 쉬운 게 아니야. 잘 생각해야 해. 엄마는 잘 모르겠다. 너는 하고 싶어?"

아빠는 내가 운동하는 것에 긍정적이었다. 평소에도 내 손힘이 최고라고 했다. 딱딱한 어깨를 주무를 때면 운동선수 해도 되겠다고, 동생과 엄마는 간지러운데 딸이 주물러 줄 때가 제일 시원하다고 했다. 그럴 때면 어깨가 으쓱해졌다. 부모님도 운동 이력이 있다. 아빠는 고등학생 때까지 레슬링을 하다가 부상으로 운동을 그만두었다. 엄마도 초등학교 5학년 때까지 핸드볼을 하다가 귀에 염증이 생기면서 그만두었다고 한다.

운동을 한다는 게 뭔지도 몰랐지만, 매일 배드민턴만 치고 연습하는 건 싫었다. 결정적으로 엄마가 하지 말라고 한 게 컸다. 별생각 없던 내게 엄마가 강력히 해 보라고 했으면 했을지도 모른다. 다음 날 체육 선생님이 반으로 찾아와서 생각해봤냐고 물으셨다. 안 하겠다고 하니 부모님과도 얘기 해봤냐고, 선수로도 잘 클 수 있다고 설득했다. 부모님이 운동에 소질이 없다고 했다며 핑계를 댔다. 이후로도 선생님은 몇 번 더 찾아와서 아쉽다고, 한 번만 더 생각해보라고 했었다.

중학교, 고등학교 때 체육 수행 평가로 배드민턴을 치면 좋은 점수를 받지 못했다. 배드민턴뿐만 아니라 다른 체육 활동도 마찬가지였다. 두드러지게 잘하는 종목이 없었다. 중학생 때 매년 체력 평가를 했다. 멀리 뛰기를 할 때마다 최저 기준을 넘지 못했다. 기준에 못 미치는 친구들과 연습하고 다시 뛰었다. 못하는 것도 부끄러운데 친구들 앞에서 연습하려니 더 창피했다. 그나마 자신 있는 종목이 철봉 오래 매달리기였다. 다른 친구들은 선생님의 호루라기 소리와 동시에 우수수 떨어졌다. 나는 몇 초라도 더 매달려 있었다. 초등학생 땐 남자아이들과 팔씨름해서 네 명을 연이어 넘겼다. '내가 팔힘이 세긴 세구나!' 느낀 순간이다.

배드민턴 선수로 활동하는 아빠 친구 딸 이야기를 한 번씩 듣는다. 나와 나이가 같다. 이번에 어느 대회 나갔는데 우승했다더라, 아빠 차를 바꿔 줬다더라, 큰 집으로 이사했다더라 하는 이야기였다. 그럴 때마다 나도 배드민턴 선수를 했으면 어땠을까 생각해 보지만, 상상이 안 간다. 운동선수가 된다는 게 어디 보통 일인가. 잘하게 되기까지의 과정은 얼마나 고될 것인가. 힘들어서 못 하겠다고 도중에 포기했을지도 모른다. 아니면 텔레비전에 나올 만큼 잘하는 선수가 됐을지도 모를 일이다. 그러기엔 승부욕이 없는 편이다.

유치원에 다닐 때 공원으로 소풍을 갔다. 마치려면 시간이 조금 남았다고 씨름을 해 보자고 했다. 선생님은 아이들을 둘러보더니 나와 어떤 친구를 가리켰다. 나는 키가 컸고 상대 친구는 통통했다. 다들 쳐다보는 한가운데서 씨름하다니, 어린 마음에도 그게 싫었다. 빨리 끝내고 싶은 마음뿐이었다. 둘이 마주 서서 허리

춤을 잡았다. 시작! 했을 때 허리를 잡고만 있었다. 내가 넘어갔다.

"현진이가 이길 줄 알았는데! 의왼데!"

오래전 일인데도 생생하다. 힘주면 바로 넘어갈 것 같았지만 힘을 하나도 주지 않았다. 한 번 이기면 계속 시킬 것 같아서였다. 나를 이긴 친구는 그 뒤로 몇 번 더 씨름을 했다. 속으로 지길 잘했다고 생각했다. 지금도 이기는 사람과 지는 사람이 생기는 게임을 좋아하지 않는다. 운동을 한다는 건 많은 사람 앞에 서서 내 실력을 증명하는 일이기도 하다. 활동적인 운동보다 책 읽기나 영화 보기 같은 정적인 활동이 더 좋다. 이런 나를 엄마는 일찍이 알고 운동을 만류했는지도 모른다. 배드민턴 선수가 될 뻔한 일은 이제 추억으로 남아 있을 뿐이다.

활동적인 운동보다 책 읽기나 영화 보기 같은
정적인 활동이 더 좋다
이런 나를 엄마는 일찍이 알고 운동을 만류했는지도 모른다

산후도우미와 함께 한 4주

"셋째요? 아니요. 나는 둘만으로도 벅차요."

남편은 위로 누나가 둘 있다. 삼 남매다 보니 자식이 셋이어도 좋겠다고 했다. 거기다 내게 딸이 있으면 더 좋겠다며 셋째 이야기를 한다. '애들도 어느 정도 크고 이제 조금 편해지려던 참인데 갓난쟁이부터 다시 시작하라고? 어휴 못해. 지금이 편하고 좋아.' 부정은 했지만 딱 잘라서 아니라고는 하지 못했다. 딸 아니어도 아기 때 예쁜 모습은 한 번 더 보고 싶었다. 마음속에서 갈등이 일었다. 아이들에게 큰소리치며 화낸 날이면 '셋째는 무슨! 둘도 벅찬데. 둘이라도 잘 키우자! 난 셋 키울 그릇이 못 돼.' 생각하다가도 아이들 예쁜 모습에 셋째 생각이 슬쩍 들기도 했다. 그러다 정말 셋째가 생겼다.

셋째 임신 소식을 전했을 때 축하와 걱정을 함께 받았다. 넉 달 후 딸임을 알렸을 땐 셋째 임신 소식 때보다 더 많은 축하를 받았다. 내겐 없을 줄 알았던 딸이 찾아왔다. 다들 남편이 좋아하겠다고 했지만, 딸이라서 특별히 좋아한다고 느끼지는 못했다. 오히려 셋째를 임신한 내게 더 신경 써주었다. 입덧, 양수 부족, 하혈, 심각한 철분 부족, 두통, 허리 통증…… 첫째 둘째 때보다 임신 중 이벤트가 많았다. 마지막 출산이기에 남편이 육아 휴직 석 달을 쓰고 조리원 2주에 산후도우미도 4주 이용하기로 했다.

산후도우미가 처음 온 날, 문을 열었을 때 깜짝 놀랐다. 산후도우미는 나이가 많은 사람이 할 거라는 고정관념이 있었다. 이야기를 나누다 보니 나보다 네 살 위, 남편과 나이가 같았다. 이모가 아니라 언니였다.

처음 만나는 사람에겐 낯을 가리고 긴장을 많이 한다. 사적인 공간인 집에 낯선 이가 있다는 게 불편했다. 첫째, 둘째 때 산후도우미를 쓰지 않은 이유였다. 셋째 때는 정부와 시에서 지원되는 비용이 많고 마지막 산후조리라 신청했다.

첫날, 업무에 대한 간단 안내와 사인을 받고 인사를 나눴다. 온지 한 시간도 안 돼서 후회하고 말았다. '내가 어쩌자고 산후도우미를 4주나 신청했을까. 지금이라도 취소할 수 있나?' 첫날부터 취소할 수 있는지를 찾아봤다.

오전 9시에 오면 청소기를 밀고 아침을 준비해줬다. 중간중간 아기를 보며 냉장고 재료들로 밑반찬을 만들었다. 점심을 먹고 오후에는 아기 목욕을 시켰다. 그리고 산모 좌욕 준비를 끝으로 일과가 끝났다. 오후 6시까지였지만 5시가 다가오면 퇴근하라고 했다.

아기가 낮에는 잠만 자다가 자정이 가까워져 활동을 시작했다. 낮처럼 푹 자질 않고 먹고 깨고를 반복했다. 남편도 집에 있고, 아기는 낮에 잠만 자고, 세탁기 돌리기와 가족들 설거지는 내가 하니 산후도우미가 꼭 필요할까 싶었다. 첫날 저녁, 남편에게 취소하면 어떨까 하는 얘길 꺼냈다.

"그래. 집에 누가 있으니까 불편하긴 하더라. 그래도 첫날이니까 일주일은 해 보자~ 오자마자 취소하면 그분 때문에 취소하는 것 같아서 좀 그렇잖아."

마음을 정하지 못한 채 이튿날이 찾아왔다. 내 집인데 자유롭게 다닐 수가 없었다. 돈을 지급하는 거지만 나 대신 밥을 차려 주고 설거지를 한다는 게 이상했다. 황송해지는 기분이었다. 산후도우미 업체에서 한 달 이용료 납부 안내 문자가 왔다. 혹시 기간을 줄일 수 있을지 문자를 보냈다. 잠시 뒤 전화가 왔다. 처음 정한 기간에서 늘릴 수는 없어도 줄일 수는 있었다.

"일수로 계산하기 때문에 지금 줄이면 손해예요. 기간을 줄이려는 이유가 있을까요?"

"아…… 너무 길게 한 거 같아서요……."

"셋째시면 도움을 받는 게 좋은데요~ 우리 이모님이 도움이 안 되나 봐요."

"아! 아니에요~ 이모님은 좋아요!"

"그러면 셋째시고 하니까 몸조리도 잘해야 하잖아요~ 4주 하시고 환급받는 게 어떨까요?"

친절한 원장님 말에 조금만 더 생각해보겠다 하고 끊었다. 산후도우미분이 밖에 있는데 기간을 줄일 수 있냐는 전화를 한 게 미안했다. '산후도우미가 있으면 그렇게 편하다는데…… 나는 왜 이럴까. 이건 내 성격의 문제야. 그냥 4주 받으면 될 텐데 뭘 이렇게 일을 복잡하게 만들까.' 그날 저녁 남편과 다시 이야기를 나눴다.

"어쩌지? 그냥 2주만 할까요? 내 성격이 이상한가 봐. 불편해서 못 하겠어요."

"음. 네가 불편하면 어쩔 수 없지. 근데 현진아, 네가 사람과 처음 관계 맺을 때 벽이 높은 편이야. 나도 너랑 사귀기 전에 그 벽 허무는데 참 힘들었다. 처음이 어려워서 그렇지, 벽이 허물어지면 가깝게 잘 지내고 하잖아. 이분도 너한테 분명 도움이 될 거야. 그냥 4주 다 해 보자."

남편 말대로 하루하루 지날수록 조금씩 편해지긴 했다. 나처럼 연년생 아들 둘을 키우는 엄마여서 공감하는 부분도 많고 둘째가 우리 첫째와 나이가 같았다. 엄마를 기다릴 아이들 생각에 더 일찍 퇴근하라고 한 것도 있었다. 선우, 윤우도 이모라고 부르며 잘 따랐다. 선우는 유치원 갔다 오면 이모가 금방 간다고 서운해했다. 하지만 나는 산후도우미분이 퇴근하고 나서야 비로소 우리 집처럼 편안해졌다.

아이 낳고 나면 입맛도 없어지고 차려 먹기도 귀찮아 끼니를 잘 거르게 된다. 산후도우미가 있는 평일과 없는 주말은 챙겨 먹는 게 달랐다. 안 갈 것 같던 4주도 금세 지나갔다. 마지막 날 아이들 문구 세트 두 개를 건네며 좋은 분들 만나서 한 달 동안 즐거웠다고 인사를 했다. 우리도 덕분에 편하게 지냈다는 인사를 전했다. 다시는 못 볼 사람을 떠나보내는 것처럼 허전했다. 하지만 그런 마음과 별개로 이제야 내 집 같았다. 산후도우미가 있는 동안 몸은 편했어도 마음은 편하지 않았다. 나는 어쩔 수 없는 내향인 인가보다.

산후도우미가 있는 동안
몸은 편했어도 마음은 편하지 않았다
나는 어쩔 수 없는 내향인 인가보다

제 2 장

그랬었다면
조금 달라졌을까

역사 탐방과 피아노 대회

초등학교 2학년 때 책을 좋아하고 아는 것도 많은 지은이(가명)라는 친구가 있었다. 학교를 마치고 친구와 집으로 걸어오던 길이었다.

"〈타이타닉〉 영화가 어느 나라에서 만든 줄 알아?"

"몰라?"

"외국. 외국에서 만든 거야."

"아…… 외국?"

조금 이상했지만, 외국이라는 나라가 있는 줄 알았다. 나중에 외국이 우리나라가 아닌 다른 나라를 통틀어 말하는 단어임을 알았을 때 바보가 된 기분이었다. 농담이었는지 진담이었는지 모르나 틀린 말은 아니었다.

지은이네 집에서 만두를 빚었다고 우리 가족을 저녁에 초대했다. 함께 만둣국을 먹고 어른들은 어른들끼리 이야기를 나눴다. 우리는 비디오를 빌려봐도 좋다는 허락을 받고 대여점으로 갔다.

친구는 이거 재밌겠다고 두 개를 빌렸다. 〈스파이더맨〉과 〈금발이 너무해〉였다. 그때 처음으로 외국 히어로물과 하이틴영화를 접했다. 열 살, 여덟 살인 나와 동생은 파워레인저, 울트라맨, 디즈니 만화를 빌려 볼 때였다.

여름 방학의 어느 날이었다. 집에서 책을 보며 뒹굴뒹굴하고 있었다. 엄마가 전화를 받더니 끊고 나서 내게 묻는다.

"진아~ 지은이가 역사 탐방하러 가기로 했는데 거기 못 가게 됐대. 지은이 엄마가 네가 대신 가는 게 어떠냐고 물어보네. 1박 2일이고 돈 내는 것도 없대."

"자고 온다고? 안 갈래……."

"학교마다 다 오나 보더라. 가서 새 친구들도 사귀고 재밌을 거 같은데?"

"음…… 아는 애도 없고……."

"좋은 기횐데. 가면 좋겠구만."

"조금만 더 생각해볼게."

'가볼까? 재밌을 것 같기도 한데……' 하는 마음과 '아는 친구가 하나도 없는데…… 하룻밤 자고 온다니.' 하는 마음이 부딪혔다. 갈까? 가지 말까? 며칠 고민했다. 위인전을 읽으며 역사에 관심을 가질 때라 재밌을 것 같았다. 하지만 가지 않았다. 가지 않겠다고 말한 뒤에도 좋은 기회를 놓친 것 같아 찝찝했다. 소극적인 내 성격이 싫었다. 한 번 거절하니 더 이상 이런 기회도 찾아오지 않았다.

아홉 살 때부터 집 근처 피아노학원에 다녔다. 학교에서 돌아오면 피아노 가방을 들고 매일 학원으로 갔다. 피아노가 재밌는 날도 있었지만 가기 싫은 날도 많았다. 먼저 이론 문제집을 푼 다음 1인실 피아노 방으로 들어간다. 선생님과 나란히 앉아 그날 배울 부분을 함께 쳐 본다. 오늘 연습할 부분을 표시해 준 뒤 선생님이 나가면 혼자 연습한다. 어른 손바닥만 한 피아노학원 진도표가 있었다. 거기에 동그라미 열 개를 그리고 한 번 칠 때마다 연필로 동그라미를 긋는다. 열 번을 다 치면 선생님에게 말한다. 배우는 책이 세 권이었기에 한 권이 끝날 때마다 문을 열고 선생님에게 알렸다.

가기 싫은데 억지로 간 날엔 피아노 앞에 앉아도 치기가 싫다. 손이 잘 안 움직인다. 치지 않고 동그라미를 3~4개씩 긋는 날도 있었다. 거짓으로 빗금을 치고 선생님을 부를 때면 마음이 불편했다. 살던 아파트 바로 밑에 있던 피아노학원이 다른 곳으로 옮겼다. 훨씬 넓고 깨끗했다. 나도 옮긴 학원으로 계속 다녔다. 5분도 안 되는 거리였는데 20분 거리로 늘어났다.

4학년 때 학교를 마치고 집으로 돌아오니 거실에 나무 피아노가 있었다. 중고지만 새것 같은 피아노였다. 피아노를 사달라고 한 적도 없는데 엄마가 큰돈을 들여서 샀다. 나무로 만든 피아노가 근사했다. 소리도 학원 피아노만큼이나 쨍쨍하게 울렸다. 피아노 과외를 받을지 물었을 때 하겠다고 했다. 먼 거리를 왔다 갔다 하기가 싫어질 때였다. 일주일에 두 번, 선생님이 집으로 오셨다. 평일에 한 번, 토요일에 한 번이었다. 선생님 일정이 꽉 차서 토요일 밖에 시간이 안 되었다. 토요일은 학교에서 오전 수업만 하는 날이었다. 친구랑 놀고 싶었지만, 피아노 선생님이 오시니 매번 거절할 수밖에 없었다. 혼자 집으로 돌아오는 길에 한숨을 내쉬었다. 피아노를 그만 배우고 싶다는 생각도 들었지만, 막상 수업을 시작하면 1시간이 금방 지나갈 만큼 재미있었다.

5학년이 된 어느 날이었다. 피아노 선생님은 내게 피아노 대회에 나가보면 어떻겠냐고 했다. 수업 마치고 엄마에게도 이야기를 꺼냈다. 얼떨결에 대회에 나가기로 되어버렸다. 다음 수업 때 선생님은 대회에서 칠 악보를 가져왔다. 어려웠다. 그날부터 진도는 멈추고 대회 곡 연습만 했다. '한 달도 안 남았는데 언제 다 외우지.' 혼자 피아노 연습할 때면 곡보다는 대회에 나간다는 압박감이 더 컸다. 대회만 안 나가면 아무런 걱정 없이 마음이 편해질 것 같았다. 대회에서 입을 드레스 복을 어디서 빌릴까 고민하던 엄마에게 어떻게 말해야 할지 주저됐다. 점점 피아노 치기가 싫어졌다. 결국 대회에 나가지 않았다. 얼마 가지 않아 피아노도 그만두었다. 피아노를 배울 땐 억지로라도 연습했었는데 그만두고 나니 피아노 치는 날도 드문드문해졌다. 두 번의 이사를 할 때마다 피아노는 이사 비용을 추가시키는 물건이 되었다. 주위에서 피아노를 달라고 하기도 하고 팔라고도 했지만 언젠가는 칠 거라고 안 된다고 했다.

친정에서 먼지만 쌓여 가던 피아노를 큰아이가 여섯 살 때 우리 집으로 가져왔다. 운반하고 조율해주던 아저씨가 30년 된 피아노라고 했다. 딱 내 나이만큼이었다. 요즘은 앱으로 피아노를 혼자서도 배울 수 있다. 남편이 1년 치 구독료를 결제했다. 아이들은 태블릿 PC 속 건반을 보며 따라 치니 재밌어했다. 유치원에 갔다 오면 피아노 앞에 제일 먼저 앉았다. 피아노 치는 모습을 찍어 가족 단톡방에 올렸다.

엄마 : 요즘은 이렇게도 배우네

동생 : 피아노 산 거 본전 뽑네

엄마 : 뽑아야지

동생 : 엄마의 실수가 설마 2세대로 이어질 줄이야!

엄마 : 실수라니~ 앞을 내다보고 산 거지

동생 : 저번에 후회하더니만

엄마 : 선우 배우고 나면 네 아들한테 물려줄 거다

동생 : 무섭게 그러지 마라

지나간 일을 마음에 잘 담아두지 않는 편인데 이 두 가지 일은 계속 마음에 남는다. 역사 탐방 자체는 내게 큰 의미가 있지 않았다. 낯선 곳에서 낯선 이들과 어울려 보낼 용기를 냈느냐 안 냈느냐가 더 중요했다. 피아노 대회도 마찬가지였다. 상을 받느냐 안 받느냐 보다 많은 사람 앞에서 피아노를 치는 압박감을 이겨 낼 수 있을까가 더 큰 의미였다. 역사 탐방과 피아노 대회가 나를 믿고 앞으로 나아갈 힘을 길러줬을 기회였음을 뒤늦게 알았다. 새로운 일에 도전할 때 머뭇거리다 포기하는 일도 습관이 되었다. 이것을 깨는 데 오랜 시간이 걸렸다. 그래서 더더욱 어릴 적 이 두 가지 기회가 아쉬움으로 남는다.

스포츠댄스부와 신문 스크랩 부

초등학교 때 수요일 7교시에 특별활동 시간이 있었다. 풍선아트부, 도서부, 퀼트 부, 요리부, 댄스부 등 종류가 다양했다. 매년 어떤 부서를 할지 고민했지만 기억에 남는 순간은 4학년 때뿐이다. 특활 수업 선택에 있어 일년내내 후회했기 때문이다. 목록을 보며 어디 할 건지 묻고 정하느라 교실은 시끌벅적했다. 선택하는 시간을 길게 주지 않았다. 이 시간이 끝나기 전에 결정하고 적어 내야 했다. 남자아이들은 주로 만들기 쪽이었다. 풍선아트가 인기 있었다. 여자아이들은 도서부나 요리부에 대부분 몰렸다. 내 눈에 들어 온 것은 신문 스크랩 부였다.

아침 자습 시간에 신문 사설을 읽고 요약하는 활동이 있었다. 학교에서도 신문과 관련된 활동을 많이 했다. 준비물은 위로 넘기는 스프링 종합장, 가위, 풀, 신문 사설 하나였다. 종합장에 사설을 붙인 뒤 그 밑에 요약, 모르는 단어, 내 생각을 적는다. 사설 내용은 어려웠지만, 글을 읽고 쓰고 사전을 넘겨 가며 단어를 찾아

적는 게 재밌었다. 만들기보다는 앉아서 글 쓰는 쪽이 더 좋았다. 신문 스크랩 부로 마음을 정하고 있을 때 친구가 물었다.

"현진아! 너 나랑 댄스부 할래?"

4학년 때 우리 반으로 전학해 온 아이가 있었다. 키가 커서 받는 주목이 싫었는데 나보다 더 큰 아이가 전학을 왔다. 다른 반 친구도 '키 큰 그 아이' 하면 다 알 정도였다. 렌즈가 두꺼운 안경을 끼고 있었다. 목소리도 크고 남자아이들과도 잘 어울려 놀았다. 나와 반대되는 성격의 친구였다. 키가 크다는 공통점 때문인지 우리는 금세 친해졌다.

한번은 친구가 쿠키를 만들어주겠다고 했다. 재료를 챙겨 우리 집으로 왔다. 부엌에서 필요한 도구를 꺼내 만들기 시작했다. 쿠키라는 것도 생소했는데 그걸 직접 만들어준다니 기대가 됐다. 오븐이 없어 전자레인지로 구웠다. 모양은 그럴듯했다. 완성된 쿠키를 친구와 한입씩 베어 먹었다. 설탕을 안 넣은 건지 소금이 빠진 건지 구워져 나온 쿠키는 단맛도 짠맛도 나지 않았다. 밀가루 맛이었다. 둘이서 깔깔대면서도 이건 다 어떡하냐고 아까워했다.

"경비 아저씨한테 주자!"

"뭐어? 그래도 이걸 어떻게 줘……."

주저하는 나를 뒤로하고 친구는 아무 맛도 안 나는 쿠키를 일회용 접시에 담아 경비 아저씨께 가져갔다.

"아저씨 안녕하세요! 이거 저희가 집에서 구운 쿠키에요! 한번 드셔보세요."

큰 소리로 인사를 한 뒤 당당하게 쿠키를 내밀었다.

"어어 그래! 이걸 직접 만들었다고? 아이고 고마워라! 잘 먹을게!"

친구는 다른 동네에 살았지만 나는 매일 보던 경비 아저씨였다. 고마워하던 아저씨께 죄송해서 한동안 인사도 제대로 못 했다.

신문 스크랩 부를 생각하고 있던 내게 댄스부를 하자고 했을 때 고민됐다. 그 친구랑 같이하면 재밌을 것 같았다. 두 살 위인 사촌 언니와 만나면 SES, 핑클 춤을 추며 놀았다. 언니가 알려주는 안무를 친구들과 춰 보기도 했다. 반 학예회에서 장기자랑을 하나씩 해야 할 때면 친구 네 명과 춤 연습했다.

"나는 성유리!"

"그럼 나는 이효리!"

좋아하는 멤버의 포지션에서 춤췄다. 혼자는 쑥스러워도 함께 연습하고 추는 춤은 즐거웠다. 그래서 더 고민됐다. 댄스부도 재

있을 것 같고 신문 스크랩 부도 하고 싶었다. 종이 치면 정한 부서를 적어내야 하는데 시간이 다 돼가고 있었다. 신문 스크랩 부? 스포츠 댄스부? 마지막까지 고민하다가 적어냈다.

일주일 후, 첫 특별활동 수업이 시작되었다. 떨리는 마음으로 스포츠 댄스부로 갔다. 선생님이 둘씩 마주 보게 세우고 스텝을 가르쳐주었다. 왼발, 오른발, 왼발, 오른발. 당황스러웠다. 내가 생각한 댄스부가 아니었다. 왈츠, 차차차, 자이브, 탱고를 가르쳐 주는 부서였다. 친구도 몰랐던 눈치다. 눈이 마주칠 때마다 둘이서 킥킥 웃었다. 첫 시간은 어리둥절하게 있다가 지나갔다.

매주 다가오는 특별활동 시간이 싫었다. 특활 시간에 한다며 준비물을 가지고 오는 친구도 있었다. 나는 몸만 가면 됐다. 스텝이 생각보다 어려웠다. 마주 선 친구 얼굴을 봐야 하는데 스텝이 꼬이지 않는지 발밑만 쳐다봤다. 연속동작으로 팔과 다리를 함께 움직일 땐 몸이 엉켰다. 허우적대는 내 모습이 우스꽝스럽게 느껴졌다. 한 시간이 세 시간 같았다.

교실로 돌아오면 저마다 각 부서에서 뭘 했는지 얘기하느라 시끌시끌했다. 풍선아트나 요리부는 올 때마다 결과물이 손에 들려 있었다. 풍선아트를 배운 친구들은 직접 만들어서 나눠 주기도 했다. 항상 친구들이 자기도 만들어 달라고 외치며 몰려 있었다. 나는 할 얘기도 나눠 줄 것도 없었다. '처음 정한 대로 신문 스크랩 부를 했더라면 재밌게 활동할 수 있었을까? 다음엔 꼭 신문 스크랩 부에 들어야지!' 생각했는데 얼마 안 가 인원 부족으로 부서가 없어졌다. 신문 스크랩 부였던 친구들은 다른 부서를 정해 옮겨갔다.

신문을 받아보고 있다. 종이가 주는 느낌, 신문 냄새가 좋다. 읽은 책에 관한 기사가 있으면 오려서 그 책에 붙여둔다. 와닿는 칼럼이나 도움이 될 만한 내용도 오려서 모아둔다. 남편 직업과 관련된 기사나 좋아할 만한 내용이 나오면 오려 두었다가 보여준다. 남동생과 공통 관심사인 글, 책, 작가, 전시, IT 쪽 기사는 사진으로 찍어 보내주기도 한다. 아침에 일어나면 아이들이 신문을 가져다준다. 서로 자기가 가져올 거라고 티격태격할 때도 있다. 이제는 학교 가방을 메고 문을 나서면서 신문을 주워다 준다. 신문 스크랩 부에 들고 싶었던 아이는 신문을 보는 어른이 되었다.

시부모님이 함께 춤을 배우러 다니셨다. 운동도 되고 부부가 같이 배워놓으면 좋다고 하셨다. 특별활동 시간에 억지로 스텝 밟던 내가 떠올랐다. 지금도 스포츠 댄스라면 고개를 절레절레 흔든다. 취미로라도 배우고 싶은 마음이 없다. 하기 싫은 일을 했을 때, 얼마나 괴로웠던가.

다른 사람 말에 흔들려서 한 선택과 내 마음에 확신이 들어서 한 선택은 마음가짐부터 다르다. 만약, 스포츠 댄스부가 무엇을 배우는 부서인지 정확히 알고, 내가 원해서 택한 부서였다면 달랐을 것이다. 특별활동 정하는 것이 별일 아닌 일일 수도 있으나 열한 살의 내게는 큰 깨달음으로 남았다. 내가 하고 싶은 일을 선택하는 것도 용기였다. 그 용기에 대한 책임을 지는 것도 내 몫이기에 받아들일 수 있다. 이때의 경험이 10년 뒤 진로를 선택할 때 큰 영향을 미쳤다.

소신대로 할걸

받아쓰기 시험은 자신 있었다. 하지만 그날은 달랐다. 교과서를 보긴 했지만, 평소보다 열심히 보지 않았다. 조금 더 봐야 하는데 하다가 잠들어 버렸다. 찝찝한 마음을 안고 학교에 갔다.

조회 시간에 다른 반 선생님이 들어오셨다. 우리 반 선생님이 개인 사정으로 학교에 못 오게 됐다고, 다른 반 선생님이 돌아가면서 수업에 들어올 거라 하셨다. 담임 선생님이 안 계시니 아이들은 종일 떠들었다. 쉬는 시간 틈틈이 국어 교과서를 보며 오늘 시험 칠 범위를 훑어봤다. 어수선한 분위기 때문인지, 준비가 완벽히 안 된 상태에서 시험 칠 생각 때문이었는지 내용이 눈에 잘 들어오지 않았다. 드디어 국어 시간이 되었다. 이번에도 다른 반 선생님이 들어오셨다.

"선생님! 오늘 받아쓰기 시험 보기로 했는데요!"

반장이 말했다. 그걸 왜 얘기하냐며 남자아이들이 불만을 터트렸다.

"응, 알아. 선생님이 칠판에 적어 줄 거야. 서로 알려주지 말고 양심적으로 쳐야 한다! 종 치면 반장이 와서 정답 받아 가고."

칠판에 문제 10개를 적었다. 선생님은 조용히 시험 치는 모습을 보다가 나갔다. 사각사각 연필 소리만 들려왔다. 척척 고쳐나가다가 헷갈리는 문제가 4개 나왔다. 이건가? 받침이 들어갔던가? 다른 친구들도 어려운 문제가 비슷했는지 수군거리기 시작했다. 소리가 점점 커지더니 조용했던 분위기가 소란스러워졌다. 서로 정답을 공유하는 상황까지 갔다. 헷갈리는 문제를 두고 고민하는데 듣지 않으려 해도 아이들 목소리가 들려왔다. 내 생각에는 이게 더 맞는 것 같은데 여러 명이 반대의 답을 얘기하니 갈등이 일었다. '아니야. 나를 믿어야지. 나는 틀려도 이 답을 쓸 거야.', '그러다 틀리면 어쩌지? 그냥 고칠까?' 계속 고민했다. 종이 치기 전이었다. 고민하던 문제 중 한 개를 고쳤다. 아이들이 얘기하던 답을 적었다. '아이, 모르겠다! 이 문제 틀려도 다른 문제는 맞을 거야!' 다음 시간, 정답을 받아 온 반장이 앞에 나가서 받아쓰기 답을 적었다.

이럴 수가! 아이들이 말한 답이 틀렸다. 내가 처음 생각했던 그 답이 맞았다. 거기다 헷갈리던 문제 중 두 개가 더 틀렸다. 70점이었다. 서로 알려주며 쳤던 아이들이 점수가 더 잘 나왔다. '고치지 말걸……' 자신을 믿지 못하고 마지막에 정답을 바꾼 내가 실망스러웠다. 평소 자신 있던 받아쓰기는 못해도 80점은 받았다. 70점이라니. 양심도 지키지 못하고 시험 점수도 지키지 못했다. 종일 안절부절못하고 기분이 가라앉았다. 성적에 들어가는 것도 아니고 쪽지 시험에 불과하지만 내겐 의미가 달랐다. 내가 나를 믿지 못했다는 것, 친구들이 서로 정답을 알려주는 게 싫고 잘못되었다는 걸 알면서도 내가 그 정답으로 고쳐 썼다는 것 그리고 받아든 70점이라는 점수. 자신을 믿지 못했다는 게 얼마나 불편한 감정이 드는지 그때 크게 느꼈다.

중학교 가정과목에 요리 실습이 있었다. 요리 실습이 있는 날이면 아침부터 들뜬다. 중학교 2학년 가정 수행 평가는 1학기 한 번, 2학기 한 번 총 두 번이었다. 1학기에는 지단 굽기 시험이 있었다. 떡국을 먹을 때 고명으로 올라가는 달걀이다.

먼저 달걀을 반으로 깨트렸을 때 흰자와 노른자가 섞이지 않게 분리한다. 각각을 프라이팬에 따로 굽는다. 둥글게 구워진 흰자, 노른자를 칼로 반듯하게 썬 뒤 접시에 가지런히 내어놓으면 되었다. 말만 들었을 때는 단순하고 쉬워 보인다. 처음으로 지단 굽기에 도전하는 사람에게는 흰자 노른자 나누기부터가 어려웠다. 하루에도 몇 번씩 달걀을 깨고 흰자 노른자 나누는 연습을 했다. 식용유 양도 연습해야 했다. 적게 뿌리면 달걀이 팬에 달라붙고 많이 뿌리면 지단이 번들거렸다. 써는 건 또 쉬운가. 일정한 간격을 두고 썰어야 했다. 연습하면 할수록 지단 모양이 반듯해져 갔다.

시험 날이 되었다. 준비해 간 프라이팬과 칼, 도마를 꺼냈다. 선생님의 시작 소리와 함께 지단 굽기에 돌입했다. 흰자 노른자 나누기는 성공! 다음은 잘 풀어서 프라이팬에 부치면 된다. 시작이 좋다. 떨리는 마음을 누르며 식용유를 둘렀다. 이럴 수가! 많이 부어 버렸다. 집에서 연습할 땐 잘 됐는데 시험이라 생각하니 떨렸다. 잘하던 것도 서툴게 되었다. 조금 부어냈으면 됐는데 당황해서 판단을 잘못했다. 그대로 흰자를 부었다. 흰자는 노른자보다 구웠을 때 더 부드럽다. 뒤집기를 잘해야 모양이 망가지지 않는다. 뒤집기는 성공! 둥글게 구워진 흰자를 옆에 두고 노른자를 구울 차례였다. 이번에는 식용유를 알맞게 부었다. 노른자는 흰자보다 더 예쁘게 구워졌다. 이제는 일정한 간격으로 썰어 접시에 담아내면 되었다. 흰자 굽기에 아쉬움이 남았지만 좋은 점수를 받았다. 해 보지 않은 것도 연습하면 되는구나! 자신감을 얻었다.

2학기 가정 수행 평가는 손님에게 대접하는 과일 깎아내기였다. 과일 종류는 개인이 정해 예쁘게 깎아내면 되었다. 개수는 다섯

가지 이하였고 세 개 정도가 적당할 것 같다고 선생님이 말씀하셨다. 그때부터 사과, 참외, 배 등 과일 깎는 연습을 했다. 엄마는 과도를 손에 쥐는 방법부터 알려주었다. 사과를 왼손에 잡고 오른손엔 칼을 쥐고 천천히 깎아 보았다. 삐뚤빼뚤, 울퉁불퉁 먹기 싫을 만큼 못생겼다. 처음엔 다 그렇다며 엄마는 웃었다. 계속 연습하니 모양이 점점 예뻐졌다. 지단 굽기도 못했었는데 연습하니 좋은 점수를 받지 않았는가! 과일 깎기도 연습하면 된다는 자신감이 있었다. 처음엔 살 다 깎아낸다고 하던 엄마도 이젠 잘 깎는다고 칭찬해주었다. 내가 보기에도 반듯하게 깎여서 만족스러웠다.

아침에 사과, 배, 참외와 손에 익은 과도, 집에서 제일 예쁜 접시를 챙겨 갔다. 수박, 포도, 오렌지 등 저마다 가져온 과일이 다 달랐다. 시험이 시작되었다. 과일 깎기는 금세 끝났다. 접시에 올린 과일을 보고 또 봐도 시간이 많이 남았다. 다른 아이들은 어떻게 하는지 둘러봤다. 깜짝 놀랐다. 토끼 모양의 사과, 과일을 쌓은 모양, 과일을 돋보이게 하는 풀잎 장식…… 반듯하게 깎아서 가지런히 담아내기만 한 내 접시가 초라하게 느껴졌다. 거기다 색깔도 하얗고 단조로웠다. 마음이 조급해졌다. 과일 가짓수가 많은 건 풍성해 보였다. 남은 과일을 서로 나눠주고 있기에 나도 친구가 쓰고 남은 포도 몇 알과 귤을 받아왔다. '그냥 올려야 하나? 껍질을 까서 놔둘까?'

고민이 되었다. 껍질을 까서 접시에 올렸다. 꽉 차 보이긴 했지만 지저분해 보였다. 망설이다 제출했디. 그 자리에시 바로 짐수를 매겼다. 생각보다 낮은 점수를 받았다. 오히려 간단하게 과일을 낸 친구가 더 좋은 점수를 받았다. 평가가 끝난 후 아이들은 자신의 접시를 가리키며 이건 어떠냐고 선생님에게 물었다. 나도 물어보았다.

"음. 가짓수가 너무 많아. 지저분해 보이고. 포도랑 귤이 없었으면 더 나았을 텐데. 깎는 건 잘했네."

아…… 처음 준비해 간 대로 냈으면 더 좋은 평가를 받았을 텐데……. 엄마랑 집에서 연습하던 날들이 스쳐 지나갔다. 우리 딸 잘한다고 칭찬해주고, 연습한 대로만 하라던 엄마에게 미안해졌다.

받아쓰기도 과일 깎기 수행 평가도 내 소신대로 했더라면 어땠을까? 둘 다 나를 믿지 못해 더 안 좋은 결과를 낸 일이다. 이게 맞나? 이렇게 하는 게 더 나을까? 다른 사람의 의견보다는 내 생각을 믿고 선택한다. 결과가 좋지 않더라도 내가 한 선택이기에 후회가 덜 남는다. 받아쓰기와 과일 깎기 수행 평가가 준 교훈이 수많은 선택에 영향을 주었다.

잘 노는 아이가 공부도 잘한다

'놀 땐 놀고 공부할 땐 공부 하자'

학창 시절, 이 말과 정반대의 삶을 살았다. 놀면서 '아, 공부해야 하는데.' 생각하고, 공부하면서는 '아, 놀고 싶다.' 생각했다.

독서실에서 시험공부를 하고 11시가 넘어서 집으로 왔다. 씻고 옷을 갈아입은 후 거실로 나갔다. 텔레비전에는 〈100분 토론〉 방송이 나오고 있었다. 평소라면 보지도 않았을 프로그램인데 그날따라 빠져들 듯이 보고 있었다. 멍하게 앉아 보다가 정신이 번쩍 들었다. '지금 뭐 하고 있냐! 차라리 잠이라도 더 자자!' 시험 기간 때는 〈100분 토론〉도 재밌다는 말이 사실이었다.

독서실에서 공부하다가 집중이 안 될 때면 시험 치고 할 일 목록을 적었다. 도서관 가서 책 빌리기, 만화책 빌려보기, 친구랑 영화관 가기, 시내 가서 맛있는 거 사 먹기. 그 생각하며 다시 공부했다. 그러다 또 집중이 안 되면, 잠시 음악을 들어볼까 하며 MP3

를 재생시켰다. 귀로는 노래를 듣고 눈으로는 글을 읽고. 집중이 잘 될 리가 없었다. 알면서도 그 순간의 답답함을 이겨내고자 귀에 이어폰을 꼈다. 공부하다가 졸리면 친구와 커피를 마시러 갔다. 커피 한 잔 마시며 수다를 떨고 열심히 하자 다짐했다. 잠깐의 시간은 쏜살같이 지나갔다. 의자에 앉아 있는 시간은 길었어도 집중하고 몰입한 시간은 짧았다. 그 시절의 나는 공부를 한 게 아니라 공부하는 척을 한지도 모른다.

고등학교 1학년 때 부반장은 곰돌이 푸처럼 푸근한 인상을 주는 친구였다. 쉬는 시간에도 문제를 풀고 공부했다. 종이 치면 기지 개를 켜거나 화장실 갈 때 말곤 자리에서 일어나지 않았다. 그렇다고 공부만 하는 재미없는 친구도 아니었다. 모르는 문제를 물어보면 쉽게 잘 가르쳐주었다. 크고 또렷한 목소리에서 자신감이 느껴졌다. 공부도 잘하고 친구 관계도 좋았다. 집이 어디인지 모르지만, 시골에서 왔다고 했다. 학교 기숙사에서 지냈다.
같은 반에 시골에서 온 친구가 한 명 더 있었다. 이름에 '덕'자가 들어갔다. 우리는 덕아 하고 불렀다. 두루두루 다 잘 지내는 성격 좋은 아이였다. 사투리가 심하고 재밌는 국사 선생님이 있었다.
"네가 그 촌에서 왔다는 애냐? 이름에 촌스럽게 덕이 들어가네

잉. 창녕이면 촌 아니냐."

수업 시간에 출석부를 보더니, 앞자리에 앉아 있던 덕이를 보며 장난스레 말했다. 그 말에 반 아이들이 크게 웃었다. 덕이는 수줍게 웃을 뿐 기분 나빠 보이지 않았다. 국사 선생님뿐만 아니라 다른 수업 시간에도 잘 호명되었다. 공부를 잘해서 전교권에 있는 데다가 이름도 특이해 누군지 궁금해했다. 덕이도 부반장처럼 기숙사 생활을 했다. 부반장과 덕이는 시골에서 왔다는 것과 기숙사 생활을 한다는 것, 공부를 잘하는 영재반이라는 공통점 때문인지 친했다.

체육대회 날이었다. 반마다 모여서 자유 시간 겸 장기자랑을 하는 시간이 있었다. 신나는 음악이 흘러나왔다. 아이들이 둘러싼 원 가운데로 몇몇 친구들이 밀려들어 갔다. 그중 부반장과 덕이도 있었다. 흘러나오는 댄스곡에 맞춰 춤을 췄다. 부반장은 유연한 웨이브를 선보였고 덕이는 열심히 몸을 흔들었다. '공부 잘하는 애들은 놀기도 잘 노는구나!' 공부할 땐 공부하고 놀 땐 노는 친구들은 그 순간에 몰입하고 즐겼다.

대학교 1학년 때, 성적에 반영되는 의학용어 시험이 있었다. 타지에서 대학을 다니고 있었기에 주말이면 꼬박꼬박 집으로 내려갔다. 그날은 공부를 위해 주말에 남았다. 집에서는 공부가 안될 것 같아서 교지편집부로 갔다. 마침 같은 반이자 함께 교지 활동하는 언니도 와 있었다.

의학용어는 외우면 되는 과목이다. 하지만 범위도 넓고 생소한 용어와 영어단어가 쉽게 외워지지 않았다. 쓰고 외우기를 반복했다. 당시 같은 과 선배이자 교지 선배였던 남편이 친구와 교지에 놀러 왔다. 교지 선후배로 지낼 때였다.

"〈터미네이터 4〉 나왔다는데 보러 갈래?"

영화는 보고 싶었지만, 시험을 앞두고 있어 마음이 편치 않았다.

"에이~ 그거 금방 외워! 영화만 보고 와서 외우면 되지!"

금방 외워진다는 그 의학용어가 안 외워져서 답답해하던 차였다. 영화 보러 갈 때가 아닌 것 같다고 거절했다. 다 못 외우고 시험 칠 게 더 걱정이었다.

영화도 포기하고 공부했으면 시험이라도 잘 봤어야 했는데 시험도 망쳤다. 이렇게 못 칠 줄 알았으면 영화 보러 가는 건데. 선배들이 의학용어와 해부학은 이해보다 암기 과목이기에 달달 외우면 된다고, 성적 잘 받을 수 있는 과목 중 하나라고 말했다. 그 두 과목을 왜 D 받았는지 의문이다. 공부를 안 한 것도 아니었다. 시험을 앞둔 주말에는 집에 가지도 않고 공부했다. 차라리 놀았으면 덜 억울할 텐데 공부한 것만큼 성적이 안 나오니 답답할 노릇이었다. 2학년이 되어 교지 선배가 남자 친구가 되었다. 같이 영화 보고 놀러 다니는데도 내 성적만 좋지 않았다. 낮에 나랑 놀고 밤새워 공부하는 거 아니냐고 했더니 내게 공부 요령이 없다고 했다.

아이들은 나처럼 되지 않았으면 했다. 공부도 노는 것도 어정쩡한 사람이 아닌, 놀 땐 놀고 공부할 땐 공부하는, 순간에 몰입할 줄 아는 사람이 되면 좋겠다.

공부도 잘하고 싶었고 친구도 많았으면 했다. 이 두 가지는 사춘기를 거치는 내내 나를 아프게 찌르는 요소였다. 나는 왜 공부를 못할까, 나는 왜 성격이 이 모양일까, 나는 왜 자신감이 없을까. 끊임없이 나를 공격했다. 자신을 미워하고 못난 점만 생각하니 더 자신감이 부족한 사람이 되었다. 공부를 못한다고 해서 다 우울하고 소심해지는 건 아니다. 하위권에 있어도 밝고 즐거운 친구들도 많았다. 공부보다 노는 게 더 좋았을 뿐이다. 나는 이도 저도 아닌 어중간한 위치에 있었다.

육아서를 읽으니 잘 노는 아이가 공부도 잘한다는 말이 불문율처럼 또 등장했다. 많이 놀아본 아이가 나중에 뒷심을 발휘한다는 얘기를 읽고 '이거구나!' 싶었다. 부반장과 덕이가 그랬다. 시골에서 자라면서 많이 놀아본 친구들이었다. 학원도 다니지 않았다. 수업 시간에 충실했고 문제집만 열심히 풀었다. 그랬는데도 전교권에 머무르는 이유는 고등학생이 되어서 뒷심을 발휘했던 게 아닐까.

어릴 때 원 없이 놀아보는 것이 우리 집 육아관이 되었다. 어린이집에 보내지 않았던 이유기도 하다. 아이가 원하는 것을 하고 싶을 때까지 해 보며 몰입하고 집중하길 바랐다.

일곱 살에 유치원생이 된 선우는 오후 4시에 집으로 돌아왔다. 오면 피아노도 치고 싶고, 놀이터에서 형들과 놀고도 싶고, 집에서 DVD도 보고 싶어 했다. 이 중 하나라도 못 하면 짜증을 냈다. 금세 어두워져서 피아노도 치고 싶은 만큼 치지 못하는 날이 많았다. 다음 날 유치원에 가려면 일찍 일어나야 하기에 나도 일찍 재우려고 했다. 유치원에 가기 전엔 늦게 자고 늦게 일어나도 문제가 되지 않았다. 코로나19로 유치원이 두 번째 문을 닫게 된 날. 고민이 됐다. 유치원 보내지 말고 1년만 더 데리고 있을까. 선우에게 물어보니 유치원 가는 게 좋다고 가고 싶어 했다.

초등학교는 유치원보다 더 일찍 마쳤다. 혼자 등 하교가 가능해진 후부터 선우는 곧장 집으로 오지 않았다. 친구와 놀다가 3시가 되면 병설 유치원에 다니는 윤우를 데리고 나왔다. 그리고 다시 놀이터에서 놀다가 어둑해질 무렵 집으로 돌아왔다. 들어오면서부터 오늘 무슨 일이 있었는지 얘기하느라 바쁘다. 이야기는 "재밌었다."로 끝난다. 방과 후 교실 중에서 하고 싶은 게 있는지 물으니 없다고 한다. 친구들과 노는 게 더 좋다고 해서 알겠다고 했다. 본인이 원해서, 필요로 해서가 아니면 학원도 보내지 않을 생각이다.

놀 땐 놀고 공부할 땐 공부하면 된다. 많이 놀아본 아이가 공부도 잘한다. 정말 그렇더라!

나와 반대인 사람과 살고 있습니다

처음 접하는 일에 마음의 준비가 필요하다. 사람들의 주목을 받는 거라면 더욱 시간이 걸린다. 발표, 무대, 토론처럼 여러 사람의 시선이 쏠리는 일은 쑥스럽다. 다른 사람들은 '그게 뭐라고' 하는 일에도 용기가 필요했다. 대학생 때 처음 볼링을 접한 일이 그랬다.

남자 친구의 생일날이었다. 뭘 하며 시간을 보낼까 고민하던 중 같이 볼링장에 가고 싶다고 했다. 볼링을 쳐 본 적도 없고 볼링장에 가본 적도 없다. 무엇보다 볼링을 치고 싶다는 마음이 없었다. 그즈음 남자 친구는 볼링 동아리를 만들 만큼 볼링에 빠져 있었다. 흥미가 생기는 것은 잘하고 싶어 한다. 우연히 쳐 본 볼링이 재밌어서 나와 함께 하면 좋겠다고 했다. 먼저 잘 배워서 내게 가르쳐주겠다고 했다. 책으로 자세를 공부하고 친구들과 볼링을 치면서 더 좋아하게 됐다. 자신에게 맞는 장갑, 볼링공, 볼링화도 구매

했다.

나는 몸을 움직이는 활동적인 걸 안 좋아한다. 볼링도 마찬가지다. 공 던지는 게 무슨 재미가 있을까. 남자 친구가 볼링에 빠져 있는 동안에도 함께 치러 가본 적이 없었다. 그날은 생일이었기에 원하는 걸 들어주자는 마음으로 처음 볼링장에 가게 되었다. 둘만 가는 줄 알았다. 볼링장에 가니 같은 과 선후배, 아는 지인들까지 여럿 있었다. 돌아가고 싶었다.

"선배…… 그냥 가면 안 돼요?"

"왜? 조금만 치다 가자! 막상 치면 재밌을걸? 내가 가르쳐줄게!"

볼링 레일 앞에 서면 뒤에 앉아 있는 사람들이 내가 공 던지는 걸 보게 된다. 가뜩이나 시선 받는 걸 꺼리는데 앞에서 가르쳐준다는 건 더 싫었다. 그것도 처음 보는 사람들 앞에서였으니 애써 괜찮은 척하느라 속이 부글부글 끓었다. 잘 친다고 격려해주는 것도, 이렇게 하면 공이 더 잘 굴러간다고 알려주는 것도 싫었다. 한 판이 어서 끝나기만을 기다렸다. 한 판만 더 하다 가자는 게 계속될 무렵 인내심에 한계가 왔다. 먼저 집에 가겠다고 했다. 남자 친구는 굳어 있는 내 표정을 보고 그제야 상황의 심각성을 알아차렸다. 가방을 집어 들고 나가는 나를 황급히 뒤따라 나왔다.

"생일이라 둘이서 더 재밌게 보내고 싶었는데 사람들 많은 볼링장이나 오고! 둘만 왔으면 몰라. 다 처음 보는 사람들인데다가 앞에서 가르쳐주고 있으면 불편하잖아요! 그런 거 싫단 말이에요!"

생일날이라 다투고 싶지 않았다. 참고 있던 감정을 한 번 드러내기 시작하자 더 화가 났다. 남자 친구는 미안하다고, 몰랐다고 계속 사과했다. 그날 이후로 연애 기간 내내 볼링 이야기는 꺼내지 않았다.

친구들도 볼링이 재밌다고, 스트레스 풀리는 운동이라고 했는데 나는 볼링장이라면 근처에 가기도 싫었다. 볼링을 처음 접했던 그날 일이 떠올랐기 때문이다. 시간이 흘러 남자 친구가 남편이 되어 두 번 간 적이 있다. 누가 같이 볼링장 갈래 물어보면 나부터 쳐다본다. 괜찮다고, 가자고 하면 정말 괜찮냐고 다시 한번 더 물어본다. 그때만큼 진저리치게 싫지는 않지만 좋지도 않다. 볼링장 일을 통해 나는 첫 시작이 중요한 사람이란 걸 알게 됐다.

남편은 다방면으로 관심이 많다. 주위에서는 못하는 게 뭐냐고 할 정도로 분야도 다양하다. 한방, 카이로프랙틱, 침, 뜸 뜨기, 마사지, 총, 3D 프린터, 명상, 손금 보기, 타로, 커피, 주짓수, 수영, 자전거, 노래…… 관심이 있으면 뭐든 책으로 시작하고, 영상을 보며 독학하고, 시도해본다. 시작하는 데 망설임이 없다.

남편은 커피를 마시면 가슴이 두근대는 카페인에 취약한 사람이다. 평소 즐기지도 않았다. 커피를 좋아하는 나와 카페에 가거나 커피 마실 일이 있으면 무조건 단 걸 주문했다. 커피는 탄 맛만 나고 무슨 맛인지 모르겠다고 했다. 휘핑크림 잔뜩 올려서 나보다 더 달게 마셨다.

첫아이를 낳은 후 자제하고 있던 커피에 대한 욕구가 터졌다. 목으로 넘어가는 시원한 커피가 그렇게 달콤할 수가 없었다. 집에서 아이만 보고 있던 내게 남편이 밖에서 한 번씩 사다 주는 카페 커피는 행복 그 자체였다. 남편이 커피를 배워야겠다고 결심한 이유였다. 집에서도 카페에서 파는 커피처럼 맛있는 커피를 만들어주고 싶어 했다. 영상을 보고 따라 해 본다. 커피에 대한 흥미가 생겨 평생교육원 바리스타 자격증 과정도 신청했다. 커피에 대해 알아갈수록 맛과 향도 음미하게 되고 즐기게 되었다. 커피는 무조건 단 거! 외치던 사람이 커피를 내려 마시는 사람이 되었다. 장비까지 사들여 집에서 원두를 볶았다. 직접 볶은 원두에 커피까지 맛있게 내리니 주위에선 나보고 좋겠다고 한다. 정작 나는 핸드드립 커피를 안 마신다. 달달한 커피가 좋다. 커피 맛을 모르는 사람은 내가 되었다. 집에서 커피 내려 마시는 남편을 보고 있으면 한 번씩 낯설다. 휘핑크림 잔뜩 올려 마시던, 커피 맛 모르겠다던 그 사람은 어디 갔을까.

남편은 처음 만났을 때부터 도움 주기를 좋아하는 사람이었다. 대학생 때도 시험 기간이면 이 사람 저 사람 공부를 가르쳐주던 선배였다. 컴퓨터가 고장 나면 고쳐주고, 남들은 하기 싫어서 피하는 발표도 앞장서서 했다. 그리고 건강, 의료 쪽에 관심이 많다. 나는 조금만 걸어 다녀도 그날 저녁 다리가 아팠다.

"오늘 마트 갔다 왔더니 다리가 아파요~"

그 말에 피식 웃더니 어디 등산이라도 하고 온 줄 알겠다며 다리를 주물러 준다. 주무르는 것도 제대로 주물러 주고 싶다고 또 독학한다. 혈 자리를 공부하고, 뼈를 공부하다 보니 한방과 카이로프랙틱 쪽으로 관심사가 넓어졌다. 영상으로 배우는 건 한계가 있어 수강료를 내고 강의도 들으러 갔다. 책도 계속 사서 본다. 내게 먼저 연습(?)하다가 가족, 친척, 친구들로 범위가 넓어졌다. 직장에서 누가 허리가 아프다, 어깨가 아프다, 골반이 틀어진 것 같다고 하면 배운 걸 써 본다. 훨씬 나아졌다, 안 아프다는 말을 들으면 보람을 느꼈다. 반의(반의사)라는 별명까지 얻게 되었다. 임신 중엔 임산부 마사지를, 출산 후엔 출산 후 마사지를 배워서 해준다. 남편이 해주는 마사지를 받을 때마다 '나는 참 복도 많구나!' 감사하다.

셋째가 태어나고 매일 사진을 찍었다. 어른들도 친구들도 사진과 실물이 다르다고 한다. 아기 사진도 잘 못 찍는 똥손이라고 놀림 받는다. 이런 나와 달리 남편은 손만 닿으면 척척 고치는 금손이 다.

아이들이 유치원에 간 시각, 부피가 큰 택배가 왔다.

"갑자기 웬 3D 프린터에요?"

"애들 장난감 만들어주려고~"

자기도 처음 해 보는 거라고 이리저리 만져본다. 다음 날 아침, 아이들에게 밤에 아빠가 만든 거라고 무언갈 건넸다. 스파이더맨과 아이언맨 얼굴이었다.

"우와! 아빠! 어떻게 만들었어?!"

환호하는 아이들을 보며 고리를 달아 유치원 가방에 걸어주었다.

며칠 뒤, 택배가 또 왔다. 이번에도 3D 프린터였다.

"엊그제 샀는데 왜 또 샀어요?"

"하나 만드는 데 시간이 너무 오래 걸려서. 두 대는 있어야 할 거 같아. 고장 난 거라서 싸게 샀지."

"고장 난 걸 뭐 하러 사요?"

"고쳐 쓰면 돼."

종일 분해하고 만지더니 깜깜한 밤이 되어서야 결국 고쳐냈다.

관심 분야가 넓은 남편 덕분에 생소한 분야를 접할 기회가 많다. 반면 새로운 건 잘 시도하지 않는 나는 이해가 안 될 때도 많다. 깨끗이 치워 놓은 거실에 부품을 펼쳐 놓고, 베란다에는 짐이 하나둘 늘어간다. 미니멀라이프를 추구하지만 맥시멀라이프로 산다. 관심사 넓은 남편과 사는 단점이다. 한 번씩 남편 앞으로 오는 택배가 두렵다. 또 뭐가 들어 있으려나……

첫아이를 낳은 후 자제하고 있던 커피에 대한 욕구가 터졌다
목으로 넘어가는 시원한 커피가 그렇게 달콤할 수가 없었다
집에서 아이만 보고 있던 내게 남편이 밖에서
한 번씩 사다 주는 카페 커피는 행복 그 자체였다

제 3 장

책을 읽고
생각이 바뀌다

만화책방에 처음 발을 들여놓다

어릴 적, 집에 책이 많지 않았다. 정체 모를 아빠의 두꺼운 한자 책, 엄마의 요리책만이 전집으로 꽂혀 있었다. 심심하면 요리책을 꺼내 봤다. 책 속의 음식이 먹음직스러워 보였다. 여덟 살, 집에 있던 책 중 기억나는 것은 아빠가 사 온 《삼강오륜》이다.
흑백에 중국풍 그림체, 재미보다 교훈이 강한 책이었다. 요리책 다음으로 이 책을 자주 들춰봤다. 만화와 글이 섞여 있었는데 글보다 만화 위주로 봤다. 부부, 부모와 자식, 임금과 신하, 어른과 어린이, 친구 사이의 도리에 관한 이야기다. 부모님에게 효도하고 어른 말씀 잘 듣는 아이가 되어야겠다고 저절로 생각하게 되는 내용이었다.

처음 만화책방에 가본 것은 열 살 때였다. 아파트 상가에 묵향이라는 만화책 가게가 생겼다. 친구가 회원가입만 하면 공짜로 책을 볼 수 있다고 했다. 학교 마치면 친구와 책방에 갔다. 읽고 싶은 만화책을 몇 권 뽑아 책상에 앉아 읽었다. 3일째 되었을 때, 계산대에 앉아 있던 아저씨가 말했다.

"학생들, 돈 내고 책 봐야지."

아저씨 말에 얼굴이 화끈거렸다. '그럼 여태까지 돈 내고 봐야 하는 책을 그냥 봤다는 말이야?' 돈을 주고 책을 빌려본다는 개념을 모를 때였다.

만화책과 비디오 대여점이 여기저기 들어섰다. 우리 집 근처에만도 세 곳이나 있었다. 학교 마치고 돌아올 때마다 책방에 들렀다. 전날 빌린 책을 반납하고 다시 빌려 오는 길이 두근거렸다.

일요일마다 아빠는 조기 축구회에 갔다. 가면 맛있는 것도 많고, 우리와 동갑내기 친구도 있다며 자주 데려갔었다. 오전 일찍 가서 오후 늦게서야 집에 왔다. 주로 학교 운동장이었다. 친구가 있으면 같이 놀았지만 대부분 남동생과 둘이서 시간을 보냈다. 우리가 놀거리를 찾아야 했다. 가방에 수첩이나 그림 그릴 종이, 색연필, 책을 챙겨 갔다. 축구가 끝날 때까지 기다리는 게 지루했다. 그러면서도 따라나섰다. 동생이랑 내일은 또 뭐하면서 시간 보내지, 생각하다가 만화책을 빌려 가기로 했다.

아빠가 경기를 뛰는 동안 우리는 운동장과 떨어진 조용한 곳으로 갔다. 그네에 앉아 만화책을 돌려 가며 읽었다. 흥미로운 전개에 시간 가는 줄 몰랐다. 아저씨들의 말소리, 웃음소리, 호루라기 소리가 멀리서 들려왔다. 가까이에선 종이책 넘어가는 소리, 동생이 킬킬 웃는 소리만 들렸다. 만화책 왕창 빌려서 읽는 재미를 알게 된 순간이었다.

30분이면 가는 할머니 댁이 명절 귀성길엔 2시간 넘게 걸렸다. 동생과 차 안에서 읽을 만화책을 미리 물색했다.

"누나, 밑에 동네 가서 빌리자!"

이사한 지 얼마 안 됐을 때, 동생과 도서관 가는 길에 발견한 책방이 있었다. 우리가 가본 대여점 중에서 가장 넓었다. 부자들이 많이 산다는 아랫동네는 고급 빌라와 주택이 많았다. 조용하고 평온해 보이는 동네였다. 책 종류도 다양하고 같은 책이 두세 권씩 꽂혀 있었다. 같이 봐야 하니 둘 다 안 본 책이어야 했다. 동생이 가리킨 책은 〈데스노트〉 작가들의 다음 책인 〈바쿠만〉이었다.

가벼운 마음으로 빌렸는데 1권 읽고 바로 팬이 되었다. 〈바쿠만〉은 만화가를 꿈꾸는 고교생들의 성장기를 그린 만화다. 그림 천재 마시로 모리타카와 문학 천재 타카기 아키토가 의기투합해 일본 최고 만화 잡지사 점프에 연재를 따내는 이야기다. 모리타카는 그림은 잘 그리지만, 만화를 제대로 그려 본 적이 없다. 만화가

였던 삼촌의 작업실에서 두 친구는 점점 인기 만화가로 성장해 간다. 주인공이 성장해 가는 모습을 함께 응원했다. 동생과 공통 분모였던 〈바쿠만〉은 우리의 추억이자 재미난 이야깃거리였다.

시대가 변하면서 도서 대여점이 하나둘 사라져 가고 지금은 찾아보기가 어렵다. 종이책은 없어지지 않는다고 해도 종이로 된 만화책은 점점 시대 뒤편으로 사라지고 있다. 웹툰이 등장하면서부터다. 20년 가까이 그 자리에 머물러 있던 가게마저 문을 닫았다. 만화책과 보냈던 추억도 함께 묻히는 것 같았다.

만화책방을 드나들면서 만화책만 읽은 건 아니었다. 책방에 있는 소설책에도 자연스레 눈길이 갔다. 처음 시작은 만화책이었지만 중학생이 되면서 만화책과 함께 소설책도 빌려 읽기 시작했다. 나는 연애 소설, 동생은 판타지·무협 소설이었다. '책 읽기는 재밌다!'라는 인식이 자리한 데는 만화책의 공도 컸다.

도서관을 오가면서 책방 대여점과는 점점 멀어졌다. 만화책보다 도서관에 있는 책이 더 재밌어질 때였다. 같은 환경에서 자라온 동생과 나는 관심사가 비슷하다. 어릴 적 이야기할 때면 만화와 만화책이 빠지지 않는다.

동생은 문예창작학과에 가고 싶어 했다. 가족의 반대로 경영학과에 진학했지만, 국어국문학 수업도 듣고 서울을 오가며 글쓰기 학원도 다녔다. 자신이 하고 싶은 일을 좇아가더니 지금은 작가가 되었다. 〈바쿠만〉에 주인공의 삼촌 이야기가 나온다. 삼촌은 만화가로서 전성기도 있었지만, 일이 잘 풀리지 않을 때도 좋아하는 만화를 계속 그려 나갔다. 최선을 다했다. 동생이 지금 그렇게 살고 있다.

만화책은 책에 관심을 불러일으켰다. 만화책만 읽는 시기를 지나니 다른 책으로 관심이 옮겨갔다. 만약 학창 시절, 엄마가 동생과 내게 '책 좀 읽어라!' 닦달했더라면 자연스레 책과 멀어졌을 수도 있다. 만화책의 자리를 웹툰이 차지했지만, 여전히 책으로 보는 만화가 좋다. 책방에서 책장을 둘러보다 우왓 하며 작게 탄성을 터트릴 때가 있다. 언제 나올까 기다리던 다음 권이 눈에 띄었을 때다. 황급히 뽑아 들고 빌려오는 길의 마음은 크리스마스를 기다리는 마음과 닮아 있었다.

학창 시절과 함께한 만화책은 책에 대한 순수한 재미를 알게 해준 존재다. 가끔 그 시절이 생각나고 그리운 이유도 순수하게 무언갈 좋아하던 내가 그리워서이기도 하다. 책을 좋아하는 어른으로 자란 데는 만화책의 지분도 크다.

학창 시절과 함께한 만화책은 책에 대한
순수한 재미를 알게 해준 존재다
가끔 그 시절이 생각나고 그리운 이유도
순수하게 무언갈 좋아하던 내가
그리워서이기도 하다

똘레랑스와 도서부

중학교의 첫 담임 선생님은 누구일까? 품이 큰 새 교복을 입고 떨리는 마음으로 앉아 있었다. 1학년 3반은 1층의 맨 끝이었다. 해가 잘 들어오지 않아 어두운 느낌을 주었다. 3월인데도 한겨울처럼 입김이 나왔다. 스타킹을 신은 다리가 오돌오돌 떨렸다. 드르륵. 교실 앞문이 열렸다. 키가 작은 남자 선생님이 들어오셨다. 이름을 얘기하는 선생님 모습에서 살짝 긴장한 모습이 느껴졌다. 30대 중반의 노총각 선생님이었다. 간단한 선생님 소개 후 당부의 말을 이어갔다. 약한 친구들을 괴롭히고, 일진이니, 노는 선배들이니 하는 말을 아주 싫어한다며 우리 반에 그런 아이가 있다면 가만두지 않겠다고 말했다. 그 얘기를 할 때 선생님 얼굴은 딱딱하게 굳어 있었다. 조금 흥분한 듯 목소리도 커졌다. 그리고 칠판에 똘레랑스 네 글자를 썼다.

"똘레랑스. 혹시 들어본 사람 있나?"

교실은 조용했다. 선생님은 똘레랑스에 대한 이야기를 이어 나갔다. 중학생이 된 첫날, 첫 담임 선생님에게 들은 이 네 글자가 잊히지 않는다. 강력한 첫인상이었다. 열네 살의 그때도 어려웠지만 20년이 지난 지금도 어려운 단어다. 프랑스어, 《나는 빠리의 택시운전사》, 관용, 이해 이런 단어만 기억이 난다.

먼저 마친 반 아이들이 복도에 모여 웅성거렸다. 우리 반이 끝나길 기다리고 있었다. 선생님은 이야기를 마친 후 내일 보자며 교실을 나갔다. 아이들이 가방을 챙기며 우르르 일어섰다.

"야, 우리 담임 좀 이상한 거 같아. 너희 담임은 어때?"

"우리도 뭐, 엄청 깐깐할 거 같아."

"똘레랑스가 뭐야. 이상한 얘기만 하다가 나갔어."

우리 반 아이가 복도에서 만난 친구와 이야기했다. 내가 느낀 담임 선생님의 첫인상은 달랐다. 우리를 지켜줄 것 같은 든든한 선생님, 믿을 수 있는 '진짜 선생님' 같은 분이었다.

영어 선생님이었지만 수업 시간에 영어만 가르치지 않았다. 정치, 역사, 사회문제, 책 등 이야기 주제가 다양했다. 수업보다 더 많은 시간을 할애할 때도 있었다. 선생님이 열변을 토하며 한 이야기들은 이전에는 생각해보지 못한 사회문제였다. 신문에서 함께 생각해 볼 글이 있으면 오려서 가져왔다. 어느 날은 러시아 시인 알렉산드르 푸시킨의 시 〈삶이 그대를 속일지라도〉를 한 부씩 나뉘 주기도 했다.

삶이 그대를 속일지라도 / 슬퍼하거나 노여워 말라 / 슬픈 날을 참고 견디면 / 기쁜 날이 오리니
마음은 미래를 바라느니 / 현재는 한없이 우울한 것 / 모든 것 하염없이 사라지나 / 지나간 것 그리움이 되리라

　　　　　　　　　　－ 알렉산드르 푸시킨, 〈삶이 그대를 속일지라도〉

시를 완벽히 이해하진 못했지만, 희망적인 메시지를 담고 있다는 것은 느낄 수 있었다. 지금 힘든 것 모두 지나가고 좋은 날이 온다는 구절이 학생인 내게 힘이 되었다. 대학생이 되어서도 예쁜 편지지에 써서 친구들에게 종종 선물했다. 시를 읽는 잠시나마 친구도 힘이 나길 바랐다.

가사가 좋은 올드팝송도 배웠다. 선생님과 함께 따라 부르던 팝송 중 제일 기억에 남는 노래가 영화 〈오즈의 마법사〉 주제곡 somewhere over the rainbow다. 멜로디도 좋고 무지개 너머 있는 희망과 꿈을 노래하는 가사도 좋았다. 이 노래를 들을 때면 중학교 영어 시간이 떠오른다. 수업보다 선생님이 하는 이야기, 올드팝송 배우는 시간이 더 즐거웠다.

마지막 주 토요일은 특별 부서 활동이 있는 날이었다. 담임 선생

님이 담당이었던 도서부에 들었다. 오전 9시까지 도서관에 모인다. 출석 체크 후 각자 읽고 싶은 책을 자유롭게 읽으면 되었다. 도서관에서 책 빌려보는 재미를 안게 그때부터였다. 조용한 도서관 안에서 보내는 4시간이 지루하지 않았다. 1학년 때 책도 많이 읽고 공부도 잘하던 반 친구가 있었다. 그 친구도 도서부였는데 추천해주는 책마다 재밌었다. 도서관에서 책을 고르다가 마주쳤다. 책 추천해달라고 했더니 근처에 있던 책 한 권을 빼서 건넸다. 책 제목에 용서가 들어가고 외국 사람들이 표지에 있었다. 조금 읽어봤는데 무슨 말인지 모르겠다. 쉽게 읽히는 내용이 아니었다. 친구가 추천해준 책이니 일단 읽어보기로 했다. 선생님이 지나가다가 무슨 책 빌렸냐고 물어보셨다. 들고 있던 책을 보더니 깜짝 놀라 했다.

"아니, 이 책을 읽는다고? 이거 꽤 어려운 책인데?"

선생님은 독서의 중요성에 대해 강조를 많이 했다. 손에는 늘 책이 있었고 교무실에서 책 읽는 모습도 자주 봤다. 선생님은 160cm 정도의 작은 키였다. 키에 대한 콤플렉스가 있을 수 있을 텐데도 항상 당당하고 정의감 넘치는 모습이었다. 부당하다고 생각하는 것은 그냥 넘기지 못했다. 국사 시간에 전쟁에 관한 이야기가 나왔다.

"지금 전쟁이 일어난다면 어떻게 될까? 아마 김 선생님이 제일 먼저 뛰쳐나갈 거구먼."

이 한마디에 우리는 맞다며 웃음을 터뜨렸다.

중학교를 졸업해서도 선생님과 문자와 메일을 주고받았다. 고등학교를 졸업하고 중학교 1학년 때 같은 반이었던 친구와 선생님을 찾아갔다. 횟집에서 회를 사주시며 술 따르는 법을 처음 가르쳐주셨다. 아빠보다 더 먼저였다. 대학생이 되고 사회인이 되면서 선생님과 연락이 끊겼다.

중학교 3학년일 때 선생님은 결혼했다. 곧이어 쌍둥이까지 얻었다. 결혼하고 아이를 낳고 살면서 선생님 생각이 났다. 아직 이 메일 주소 그대로일까 하며 메일을 보냈다. 시간이 많이 흘렀음에도 선생님은 나를 기억해주셨다. 전화 너머 목소리가 그대로였다. 선생님을 남편, 아빠로 둔 아내와 자식들은 좋겠다는 생각을 많이 했다. 선생님의 올곧음, 가치관, 소신을 곁에서 보고 자랄 아이들은 얼마나 잘 자랄까, 선생님은 어떤 육아관을 가지고 계실까 궁금하다. 가장 존경하는 선생님이자 인생 선배님인 중학교 1학년 담임 선생님. 다시 뵙게 되는 날 부끄럽지 않은 내가 되어 있고 싶어 더 열심히 살게 된다.

해리포터와 보낸 학창 시절

친정에서 아이들과 여름 방학을 보내고 있던 저녁이었다. 리모컨이 보였다. TV 없이 지내다가 친정에 오면 손이 먼저 움직인다. 전원을 누르고 볼 만한 게 나올 때까지 채널을 올렸다. 멈춘 곳에선 해리포터 마지막 시리즈가 방영 중이었다. 잠깐 본다는 게 나도 모르게 넋 놓고 보고 있었다.

"엄마, 저 사람 누구야?"

"엄마, 지금 뭐 찾고 있는 거야?"

아이들 질문에 답하다가 아차 싶었다. *끄*려고 하니 재밌는데 왜 *끄*냐고 원망하는 소리가 가득하다. 그래서 같이 보기로 했다. 아이들이 해리포터 시리즈를 처음 본 게 마지막 편이라는 점이 아쉬웠지만, 함께 빠져 들어 봤다. 다시 봐도 재밌다. 평소 이런 영화는 잘 접하지 않는 선우, 윤우도 재밌었다, 또 보고 싶다 계속 말했다. 마침 동생 방에 해리포터 책이 몇 권 있었다. 원서로 된 책밖에 없었지만 이렇게 책으로 나온 게 많이 있다고 보여주었다.

"엄마는 책도 읽고 영화도 다 봤는데 책이 훨씬 재밌었어."

"이거 다 영언데?!"

"그렇지…… 엄마는 한글로 읽었지……."

해리포터를 읽던 학창 시절이 떠올랐다.

창밖이 점점 밝아진다. 큰일 났다. 학교 가서 졸게 생겼다. 조금만 더 읽다가 자야지 했는데 밤을 새웠다. 다음 이야기가 궁금해 멈출 수가 없었다. 얼마나 기다려야 다음 시리즈가 나올까. 《해리포터와 아즈카반의 죄수 2》를 덮었다.

초등학교 5학년 때 해리포터 책을 처음 접했다. 전국적으로 열풍을 일으키고 영화로도 개봉했다. 극장에 자리가 없어 서서 봤다는 이야기도 들었다. 그때까지만 해도 시큰둥했다. 친구네 집에 가도 《해리포터와 마법사의 돌》이 있고 사촌 언니네 집에 가도 있었다. '이 책이 그렇게 재밌다고?' 책을 펼쳐 앞부분을 읽다가 금방 덮었다. '이게 무슨 말이야?' 낯선 단어들의 등장에 몇 장 넘어가지 못했다.

부모님의 부부 동반 모임이 있던 날이었다. 조금 늦을 거라고 비디오를 빌려봐도 된다고 했다. 동생과 비디오 대여점으로 갔다. 둘이서 한참 서성이다 〈해리포터와 마법사의 돌〉을 빌렸다.

"와! 이거 너무 재밌잖아!"

2시간 넘게 푹 빠져서 봤다. 딩 디딩 딩 디딩 딩 하는 신비로운 배경 음악, 마법 세계를 그대로 옮겨다 놓은 것처럼 실감 나는 장면, 고난 속에 자라온 해리가 새로운 세계에 들어서는 두근거림, 처음 사귄 친구들, 자신 앞에 닥친 역경을 하나씩 헤쳐 나가는 용기. 환상적이었다. 왜 이제야 봤을까! 책은 얼마나 재밌을까! 다음 이야기가 궁금해 못 참겠다. 사람들이 왜 그토록 해리포터에 열광하는지 이해가 갔다. 책의 세계를 영화로 잘 구현했다는 말에 책을 안 읽어 볼 수가 없었다.

중학생 때 본격적으로 해리포터 시리즈를 읽어나갔다. 마법 학교 이야기를 다루니 작가가 만들어낸 마법 용어가 많이 나온다. 해리포터 용어 사전이 있을 정도다. 주인공 해리가 마법사로 성장해 가는 모습, 악에 맞서는 정의로움, 친구와의 우정, 박진감 넘치는 퀴디치 경기…… 책을 읽는 동안 그 세계에 풍덩 빠져 있다가 나왔다. 책을 덮고 나면 나도 지팡이 타고 날아다녀야 할 것 같고 마법 주문을 외워야 할 것만 같았다. 1년마다 새 시리즈가 나왔다. 학창 시절을 함께 한 해리포터가 완결이 났을 때 소중한 친구를 떠나보내듯 가슴 한구석이 먹먹했다.

영화의 완결도 마찬가지였다. 그때의 감정이 떠올라 채널을 멈췄다. 어린이가 아닌, 늠름한 청년 해리가 악과 마지막 대결을 펼치는 시리즈의 끝을 그대로 넘기지 못했다.

선우는 그림일기에 해리포터 본 이야기를 적었다. 잠들기 전까지 해리포터에 관해 이야기했다. 머리카락 없는 아저씨는 왜 해리포터랑 싸우는지, 저런 곳이 정말 있는지, 나도 가고 싶은데 어떻게 하면 되는지 꼬리에 꼬리를 물고 질문이 이어졌다. '드디어 해리포터 세계로 입문할 때가 온 것인가.' 어릴 적 좋아했던 대상을 아이들과 공유할 생각에 설렜다.

다음 날엔 〈해리포터와 마법사의 돌〉 영화를 보여주었다. 2시간 30분이라는 긴 상영 시간에도 자리에서 일어나지 않고 봤다. 영화로 먼저 접하고 책을 읽었던 나를 떠올리며 아이들도 책을 보면 좋겠다 싶었다. 해리포터 책을 사러 서점에 갔다. 내가 읽었던 책은 선우, 윤우에겐 아직 무리였다. 그림과 글이 섞여 있는 책을 샀다. 하지만 책도 몇 번 보다 말고 영화도 세 번 보고 나더니 더 보겠다고 하지 않았다. 아직 시기가 아니었나 보다. 다시 내가 해리포터를 접했던 순간을 떠올려 봤다. 주위에서 재밌다, 읽어봐라, 아직 안 봤냐 할 때도 감흥이 없었다. 아무리 신나고 좋은 것이라 해도 내게 다가오는 시기가 있다. 아이들에게 해리포터도 그럴 거로 생각했다. 혹은 나만큼 흥미 있어 하지 않을 수도 있다. 하지만 언제가 되더라도 해리포터와 마법 학교 이야기에 풍덩 빠지게 된다면, 나도 기꺼이 아이들과 그 세계를 탐험할 준비가 되어 있다.

학창 시절을 책과 함께 보내서 외롭지 않았다. 글 안에서 살아 움직이는 인물과 친구가 되기도 하고, 인생을 배우는 선생님으로 여기기도 했다. 해리포터 역시 그랬다. 단순히 재미만 있는 게 아니다. 불의에 맞서는 용기, 친구들과의 우정, 자신을 믿는 힘 등이 이야기 속에 다 담겨 있었다.

해리가 호그와트 마법 학교에 입학할 때, 선우가 초등학교 입학하던 모습과 겹쳐 보였다. 어렸을 땐 해리와 나를 동일시 했었는데 이제는 해리를 보면서 아이들을 떠올린다. 마지막 장면에 아들을 런던 킹스 크로스 역 9와 3/4 승강장에서 배웅하는 아빠 해리의 모습이 오래도록 기억 속에 남아 있을 것 같다.

해리포터를 보며 자랐던 엄마가 아이들을 보며 생각한다. 커가는 시간 속에 늘 책이 함께 하기를, 엄마와도 스스럼없이 책 이야기를 나눌 수 있기를. 그리고 용기가 필요할 때 해리와 친구들을 떠올리기를.

공부에 진심이던 순간

"오늘도 우리 집 가서 놀자!"

초등학교 4학년 때, 친하게 지내던 친구 세 명이 있었다. 학교를 마치고 네 명이 모여 친구 집으로 갔다. 아파트에서만 살아서 주택에 사는 친구네 집은 갈 때마다 새로웠다. 복도식 입구, 특이한 집안 구조 덕분에 숨바꼭질하면 시간 가는 줄 모르고 놀았다.

친구 한 명이 이제 내일 국어 숙제하자고 했다. 친구 집에는 전과가 있었다. 교과서의 문제, 답, 해설이 적혀 있는 책이다. 자세하게 문제 풀이가 되어 있어 이해도 잘 됐다. 답과 해설을 보며 교과서에 적는데 재밌고 뿌듯했다. 다음 날, 또 친구네 집에 갔다. 전과를 넘겨 보며 내일 수업할 내용을 미리 살펴봤다. 지문에서 중요하게 볼 부분과 문제의 해설을 읽었다. 나도 모르게 예습하고 있었다. 수업을 듣고 친구 집에 와서 복습했다. 공부가 재밌다고 느낀 순간이었다. 미리 공부하고 배운 걸 복습하는 과정이 즐거웠다. 친구가 전학을 가게 되면서 예습 복습해가는 것도 멈추었다.

4학년 2학기 때라 책을 새로 사기가 아까웠다. 낱권으로 팔지 않고 전 과목 묶음으로 팔아서 비싸기도 했다. 엄마에게 사달라고 하지 않았다. 지금 생각해보면, 어디 물려받거나 빌려 볼 수 있는 방법도 있는데 그땐 생각하지 못했다.

5학년 1학기 때까지 공부와 성적에 관심이 없었다. 초등학교 시험은 하루면 끝난다. 한 명씩 앞으로 나가 채점이 끝난 시험지를 받아왔다.

"현진인 공부 좀 해야겠는데?"

집에서도 크게 공부 압박이 없었고, 나도 공부를 잘해야겠다는 마음이 없었다. 평균 60점인 시험지를 받아들고 자리로 돌아왔다. 좋아하던 담임 선생님이 한 말이라 기분 나쁘지도 크게 부끄럽지도 않았다. 2학기가 되었다. 담임 선생님 개인 사정으로 다른 선생님이 우리 반을 맡게 되었다.

새로 온 선생님은 나이가 더 많고 첫인상이 엄격해 보였다. 다가가기가 어려웠다. 하지만 수업을 듣고 놀랐다. 이해가 쏙쏙 되면서 집중이 잘 됐다. 4학년 때 스스로 예습 복습하며 공부가 재밌다고 느꼈던 감정이 다시 한번 올라왔다.

시험을 며칠 앞둔 자습 시간이었다. 공부하다가 모르는 게 있으면 언제든지 물어보라고 하시며 선생님은 책상에서 업무를 봤다. 위로 넘기는 길쭉한 기출 문제집을 풀다가 질문하고 싶은 문제가 나왔다. 물어볼까 말까 한참 망설이다 친구에게 부탁했다.

"이거 네가 한 번 물어 봐주면 안 돼?"

친구가 문제집을 들고 선생님에게 갔다. 선생님은 좋은 질문이라며 반 아이들에게 전체 설명을 해주셨다. 예전 같으면 질문할 것도 없었을 텐데 공부하면 할수록 '이건 왜 그렇지?' 궁금한 게 생겼다. 문제를 풀고 채점하고 해설을 보며 알아가는 과정이 재밌었다.

시험 날이 되었다. 문제가 술술 풀렸다. 막힘없이 답을 적어 나가는 내가 신기했다. 당일 채점이 이뤄지고 시험 점수를 그날 알 수 있었다. 과목 대부분 90점이 넘었다. 못 친 게 80점 후반대였다. 시험 점수를 더하고 과목 수만큼 나누기했다. 평균 90점이 넘었다! 자리에 앉아 몇 번이고 다시 계산 해봤다. 평균 60점에서 90점으로 훌쩍 뛰어오르다니! 나도 하면 되는구나! 열심히 공부한 보람이 있었다. 순전히 내 노력으로 이뤄낸 결과였다.

옆에선 공부 잘하는 아이들이 모여 평균 점수를 공유하며 반 등수를 짐작해보고 있었다. 그중 한 명이 평균을 내는 나를 봤다. 깜짝 놀란 목소리로 물었다.

"현진아! 너도 90점 넘는 거야?! 야~ 현진이도 평균 90 넘어!"
옆에 있던 아이들이 놀라며 나도 같이 등수에 넣었다. 반에서 5등. 크게 점프한 성적표를 받아 들었을 때, 무엇이든 할 수 있을 거 같은 자신감이 생겼다.

중학생이 되고 첫 중간고사를 앞둔 날이었다. 학원에서 하는 야간자율학습에 남아서 10시까지 공부했다. 주말에도 혼자 학원에 가서 오전부터 공부했다. 암기 과목은 틈날 때마다 외웠다. 이보다 더 열심히 할 수 있을까 할 만큼 최선을 다했다고 생각했다. 하지만 기대한 만큼 점수가 나오지 않았다. '이렇게까지 했는데 이 점수 밖에 안 나온단 말이야?' 맥이 풀렸다.

중학교 시험은 과목 수도 많고 암기 위주의 초등학교 시험과 다르다. 이해하지 않고 넘어가면 더 못 따라가게 된다. 외우기만 하는 것은 한계가 있었다. 잘하고 싶은 마음과 다르게 성적은 점점 안 나왔다. 중학교 첫 중간고사 성적이 3년 내내 가장 높은 성적이었다. 중학교 첫 시험이 앞으로의 등수를 결정짓는다는 말이 있었다. 나도 모르게 '나는 이 정도밖에 못하나 봐.' 보이지 않는 선을 그어 놓은 건지도 모르겠다.

스스로 재미를 느끼고 열심히 할 때 성적도 잘 나온다. 중학생 때는 무조건 열심히만 한다고 해서 되던 게 아니었다. 모르는 건 이해하고 넘어가는 꼼꼼함도 필요했다.

2020년, 코로나19로 원격수업이 진행되고 학력 양극화가 심해졌다는 기사가 쏟아져 나왔다. 중위권의 붕괴, 사라진 중위권, 중위권 성적 추락……. 학교에 가지 못하고 혼자 공부해야 하는 상황 속에서 '자기주도학습'이 성적을 판가름했다. 명문대에 수시 합격한 학생들을 인터뷰한 기사를 본 적 있다. 스스로 하루 공부 계획을 세우고 실천하며 시간 관리와 멘탈 관리가 중요하다는 내용이었다.

초등학교 고학년 때와 중학교에 처음 들어갔을 때 즐겁게 공부했던 내가 떠올랐다. 미리 공부해 가면 수업이 더 재밌음을 알았다. 수업이 재밌으니 복습도 재밌었다. 공책에 쓰고 정리하고 알아가던 시간. 성적 여부와 상관없이 공부하는 과정을 더 즐겼더라면 어땠을까. 전과도 책이었다. 참고서는 공부의 흥미를 일깨우는 마중물이 될 수도 있다.

공책에 쓰고 정리하고 알아가던 시간
성적 여부와 상관없이 공부하는 과정을
더 즐겼더라면 어땠을까

공감이 무엇인지 배우다

남편과 책 취향이 반대다. 남편은 사실에 근거한 방법론을 좋아하지만 나는 일상에서 경험하고 느낀 에세이를 좋아한다. 책장에 꽂힌 책만 봐도 누구 책인지 단번에 알 수 있다. 서점에 가면 우리 가족은 뿔뿔이 흩어진다. 아이들은 어린이 도서 코너, 남편은 의학·건강 코너, 나는 에세이·소설 코너로 간다.

책, 영화, 다큐멘터리 모두 일상을 담은 이야기를 좋아한다. 우리 삶과 연결된 이야기라 정겹다. 가까운 이웃의 이야기를 통해 공감한다. 공감하는 순간 위로가 된다.

아이들이 다니는 유치원에 코로나19 확진자가 나왔다. 음성이 나와도 밀접 접촉자로 분류되어 2주 동안 자가격리를 해야 했다. 아이들과 가까이 지내는 나도 웬만해선 외출을 자제해야만 했다.

자가격리 9일째 되던 날이었다. 셋째의 기저귀를 갈아주고 있는데 선우가 다가왔다. 시리얼 봉지를 들고 있었다. 먹고 싶은 눈치인데 쭈뼛쭈뼛하고 있길래 먼저 말했다.

"우유 사 오면 먹지?"

그 말에 쿵쾅거리며 문을 쾅 닫고 나갔다. '저 녀석이 또!' 하는 마음이 일었지만, 그냥 있었다. 선우는 무엇 때문인지 전부터 짜증이 나 있었다. 그게 우유 한마디에 터져버린 것 같았다. 안방에서 빨래를 개키고 있는데 여기저기 씩씩거리며 다니는 소리가 들렸다. 혼자 장 보러 가기로 한 아빠에게 어서 우유 사 오라고 툴툴대다 한 소리 들었다. 짜증 내는 소리, 쿵쾅거리는 소리, 쾅 문 닫는 소리가 계속 들리자 문을 벌컥 열고 선우에게로 갔다.

"엄마가 못 먹게 했어? 우유 사 오면 먹으라고 했는데 그게 그렇게 화낼 일이야?! 시리얼만 먹으면 안 되냐고 물어볼 수 있는 거잖아! 너 화난다고 여기저기 짜증 내고 다니고! 그러면 다 기분 안 좋아지잖아! 먹고 싶으면 먹어! 네 마음대로 해!"

모진 말을 쏟아냈다. 그러는 동안 선우는 고개를 푹 숙이고 있었다. 말하는 와중에도 '이렇게 얘기하면 안 돼! 그만 멈춰!' 생각했다. 후회할 걸 알면서 한번 열린 입은 멈추질 않았다. 방으로 돌아와 개고 있던 빨래를 멈췄다. 부드럽게 얘기해도 될 텐데 어른답지 못하게 화난 감정을 쏟아냈다. 마음이 편치 않았다.

새로 산 책을 펼쳤다. 은서를 보다가 기분 좋아지는 팝송도 검색

해 들었다. 노래 두 곡 듣는 동안 빨래를 마저 다 갰다. 옷을 넣으러 아이 방으로 갔다. 선우가 2층 침대에서 자고 있었다. 잠든 아이 옆에는 책 네 권이 놓여 있었다.

아이의 짜증과 화를 받아줘야지, 속에 있는 감정 풀어낼 줄도 알아야지 생각하면서도 잘 안된다. 아이의 짜증에 나도 짜증이 났지만 어른이니까 감정에 더 성숙하게 대처해야 했다. 시리얼을 가지고 와서 쭈뼛쭈뼛 댄 것도 평소에 과자만 먹지 말고 우유랑 같이 먹으라고 한 엄마의 말이 있었기 때문이다. 방문을 쾅 닫는 것은 자신이 화가 났음을 표출하는 하나의 행동이었다. 표현 방법이 잘못됐다는 것을 알려주려면 아이 감정에 같이 휩쓸리지 말았어야 했다.

나는 기분이 안 좋아도 기분 좋아지려는 행동을 이것저것 할 수 있었다. 은서를 보며 따라 웃기도 했고, 책을 읽으며 감정을 누그러뜨릴 수 있었다. 기분 좋아지는 노래를 듣기도 했다. 그러는 동안 선우는 뭘 했을까. 할 수 있는 게 없어서 책 보다 혼자 잠들었을 아이를 생각하니 가슴이 찌릿찌릿했다.

윤우가 뭐 먹고 싶다며 매달리기에 냉장고에 있는 현미 가래떡을 구워주었다. 같이 먹자고 선우 머리를 쓰다듬는데 땀이 나 축축하다. 한잠 들었는지 미동도 없다.

부엌에 오갈 때마다 창밖으로 분홍색 벚꽃이 보인다. 창문을 열고 내다보았다. 날씨도 화창하고 꽃도 예쁘다. 하지만 나갈 수가 없다. 남편은 혼자 마트에 음식 재료를 사러 갔다. 왜 아빠만 밖에 나갈 수 있냐, 아빠 언제 오는지 전화해보자 하던 윤우도 침대에서 잠이 들었다. 선우도 윤우도 은서도 각자 다른 침대에서 잠이 들었다. 들리는 소리라곤 아이들의 쌔근거리는 숨소리뿐이다. 모두 잠든 이 귀한 시간이 무겁기만 하다. '아이니까 미성숙하니까 그렇지, 그러니 미성숙하게 자기감정을 표현할 수밖에. 거기에 엄마까지 똑같이 미성숙하게 행동하면 어떡하나……' 이렇게 미안할 때면 선우, 윤우 어릴 적 모습이 저장된 블로그에 들어간다.

1년 전 2월, 빗속을 웃으며 걸어가는 사진이 있었다. 한글책으로 티격태격하던 아이들을 데리고 다이소에 가던 길이었다. 한글 스티커 북이나 한글 색칠 북이 있으면 하나씩 사주려고 나가는데 비가 왔다. 윤우 장화가 작아서 선우만 장화를 신겨 나갔다. 윤우는 자기도 장화 신고 싶다고 투덜거렸다.

"윤우야, 다음에 엄마가 장화 사줄게."

"다음에 싫어. 지금. 지금 신고 싶어."

"어디서 장화 살 건데?"

"마트에."

"마트 가려면 차 타고 멀리 가야 해. 아빠 차도 없고 엄마는 운전 못 하잖아. 다음에 사줄게."

"지금 신고 싶어~"

이 대화가 몇 차례 반복되어 오가자 슬슬 화가 나기 시작했다. 으름장을 놓을까, 무시할까, 참을까 고민하다가 이해하기로 했다. '아이의 감정을 이해해주고 공감해주어라.' 이럴 때 육아서 코칭이 도움 된다. 형은 장화 신고 빗속을 걷는데 윤우도 오죽 그러고 싶을까. 아직 어린아인데 떼쓰고 투덜대는 게 당연하다. 이런 윤우의 마음을 이해하자고 생각했다.

"윤우야, 윤우도 장화 신고 싶었지?"

"응."

"형아는 개구리 그림 있는데 윤우는 어떤 장화 신고 싶어?"

"음. 로봇. 작은 로봇 그림 있는 거."

"로봇? 그럼 색깔은? 형아는 노란색 장화인데 윤우는 어떤 색 할까?"

"주황색 로봇 장화."

"알겠어. 그럼 아빠 오면 주황색 로봇 장화 사러 가자~"

그렇게 장화 사건은 일단락되었다.

엄마의 내공은 나이만 먹는다고 쌓이는 게 아니었다. 아이들이 커갈수록 중고등학생 때는 어떤 모습일까 상상하게 된다. 그때 나는 아이들과 소통하는 엄마일까? 우리 집 분위기는 어떨까? 첫째와 함께 엄마 나이도 한 살씩 는다. 어째서 더 나아지기는커녕 퇴보하는 것 같을까. 상황마다 어떻게 대처하는 게 좋을지 정답을 다 알고 있으면 좋겠다. 육아서를 읽으며 '이 엄마는 이럴 때 이렇게 대처했구나. 다음에 따라 해봐야겠다.' 하며 경험을 공부한다. 때론 내가 기록해둔 글을 보며 '나는 이때 이렇게 아이 마음에 공감해줬구나.' 복습하기도 한다.

밖에 나가지도 못하고 집에서만 지낸 지 9일째다. 나도 갑갑해지기 시작하는데 아이들은 얼마나 답답할까. 선우가 일어났다. 사과부터 했다.

"엄마가 선우 마음 몰라줘서 미안해. 화내서 미안해. 시리얼은 우유랑 먹는 거지만 그냥 먹고 싶으면 먹어도 돼."

"응. 괜찮아."

책은 이론, 일상은 실전이다. 오늘도 아이와의 일상에서 공감이 무엇인지 배운다.

책은 이론, 일상은 실전이다
오늘도 아이와의 일상에서 공감이 무엇인지 배운다

동화책을 통해 본 세상

유치원에 간 사이 장난감을 정리했다. 오래된 블록, 가지고 놀지 않는 인형, 짝이 맞지 않는 쌓기 놀이 등 벼르고 있던 장난감을 쓰레기 봉지에 담아 버렸다. 하원 시간이 다가오자 혹시 없어진 장난감을 알아차리진 않을까, 찾지는 않을까 살짝 긴장되었다. 장난감을 아이 몰래 조금씩 버렸을 때, 찾은 적이 없어서 이번에도 모를 거로 생각했다.

유치원에서 돌아온 아이들은 가방만 던져두고 놀이터로 갔다. 저녁 시간, 집으로 돌아오는 소리가 들린다. 선우가 울면서 들어왔다.

"왜 내 장난감 버렸어!"

"무슨 장난감?"

"얼음 깨기랑 벽돌쌓기 왜 버렸어! 내 장난감인데…… 우아앙."

'이런. 어떻게 알았지?' 난감했다. 같이 놀던 형이 윤우 신발을 쓰레기통에 던져 장난을 친 모양이다. 신발 꺼내다 버려진 장난감을 발견했다. 몰랐으면 몰라도 쓰레기통에 버려진 자신의 장난감을 봤으니, 그것도 말도 안 하고 아이 물건을 버렸으니 할 말이 없었다.

"미안 선우야. 엄마는 이거 짝도 안 맞고 안 가지고 놀길래 필요 없는 줄 알았지. 말 안 하고 버려서 미안."

"아니야! 갖고 노는 거란 말이야! 물어봐야지! 우아아앙."

"알겠어. 다음엔 물어보고 버릴게. 엄마가 잘못한 거니까 똑같은 거로 다시 사줄게……."

그제야 울음을 그친다.

"엄마가 선우 윤우 책 주문한 거 왔는데 씻고 뜯어 볼래?"

"재미없으면 이런 표정 지을 거야."

눈을 흘기며 뾰로통한 표정을 지어 보인다. '책아! 제발 재밌어라! 아이 마음 좀 풀어주라!' 떨리는 마음으로 책 상자를 바라봤다.

한 달에 한 번씩 아이들 책을 전집이나 시리즈물로 산다. 아이들도 새 책이 오면 상자를 뜯는 손길이 바빠진다. 선우는 혼자 먼저 다 본 뒤에 읽어 달라고 한다. 윤우는 고르자마자 내게 읽어 달라고 한다. 잘못한 게 있어 자꾸 책 보는 선우의 눈치를 살피게 된다. 저녁을 먹으면서도, 놀다가도 새로 온 책을 본다. 윤우가 잠든 후 선우가 드디어 책을 가져왔다.

"엄마, 이거 읽어줘."

"선우야, 이 책 재밌어?"

"응. 재밌어."

재밌다는 아이 한마디에 가슴을 쓸어내렸다.

일곱 살 때쯤 엄마가 사준 동화책 한 권이 있었다. 따뜻한 그림체가 좋아 골랐던 책, 《조지 아저씨네 정원》이다. 이사하면서도 방 정리를 하면서도 이 책만큼은 버리지 않고 간직해왔다. 친정집 책장 구석에 늘 꽂혀 있던 책을 가져와 아이들에게 읽어주었다.

작지만 정겨운 조지 아저씨네 정원 옆에는 높은 담으로 가려진 큰 정원이 있었다. 몰래 옆집 정원을 본 아저씨가 꽃들에게 옆집 꽃 이야기를 해주었다. 꼬맹이 데이지꽃은 화려한 꽃들 옆에 피고 싶어 한다. 아저씨네 정원에서 사는 게 더는 행복하지 않게 된다. 슬퍼하던 아저씨는 밤에 몰래 옆집 정원의 잔디 한가운데 심어주고 온다. 그런 뒤에도 여전히 아저씨는 마음이 좋지 않다. 데이지꽃은 낯선 잔디밭에 혼자 있는 게 겁이 났다. 인사를 건네보지만 다른 꽃들은 거들떠보지도 않는다. 옆집 주인은 자신의 정원에 잡초가 났다며 화를 낸다. 데이지꽃을 파내 퇴비 더미에 던져버렸다. 나비가 조지 아저씨에게 이 소식을 전하고 아저씨네 정원에 있는 모두가 데이지꽃을 걱정한다. 새가 시들어 가는 데이지꽃을 물어 온다. 아저씨는 곧바로 촉촉한 땅에 심는다. 데이지꽃은 고맙다는 뜻으로 다시 꽃잎을 활짝 펼친다.

어릴 적 읽던 동화책을 이젠 내 아이에게 읽어준다. 그땐 이해를 다 못했지만 어른이 된 지금은 조지 아저씨와 데이지꽃의 마음이 이해가 간다. 자신의 정원에선 행복하지 않은 꽃을 떠나보내는 마음, 보낸 곳에서 환영받지 못하는 마음. 부모 자식 사이 마음과 다르지 않다.

고등학생 때까지 부모님 울타리 안에서 안전하게 지내왔다. 대학생이 되면 집과 떨어져 생활해 보고 싶어 타지로 갔다. 대학 생활하면서 다시 가족 곁으로 돌아오고 싶었다. 가족 곁에 있으니 더 넓은 세상으로 나가 독립적으로 살고 싶다는 생각이 또 들었다. 5시간 걸리는 인천으로 간다고 했을 때, 부모님은 안 가면 안 되냐고 했다. 큰 포부를 안고 올라갔지만, 가족이 그리워 다시 내려왔다. 그리고 4개월 뒤 결혼했다. 결혼은 직장과 다르다. 돌아오고 싶다고 돌아와지는 게 아니었다. 나를 둘러싸고 있던 가족의 울타리를 완전히 떠난다는 느낌에 온갖 감정이 뒤섞여 올라왔다. 이렇게 빨리 부모님 곁을 떠나게 될 줄 알았더라면 독립한다고 떠돌아다니지 말걸. 좀 더 함께 있을걸······.

경험해 보지 못한 세상에 대한 갈증이 있었다. 옆집 정원처럼 크고 넓은 세상으로 나가면 나도 더 큰 사람이 될 줄 알았다. 막상 가보니 그런 것 다 필요 없고 가족 곁에 있고 싶었다. 떠나고 싶어 했지만 힘들면 언제든 돌아갈 수 있는 곳. 가족이 내겐 조지 아저씨네 정원이었다.

90년대 만화라면 거의 다 알 정도로 만화를 좋아했다. 남동생과 TV 앞에서 보던 추억의 만화 중 〈내 친구 프랭클린〉이라는 만화가 있다. 주인공인 거북이 프랭클린이 동물 친구들과 겪는 이야기다. 싸우고 구하고 변신하는 화려한 만화에 비하면 〈내 친구 프랭클린〉은 심심한 편이었다. 잔잔한 일상을 담은 다큐멘터리 같다. 채널을 돌릴 법도 한데 이상하게 이 만화만 보면 마음이 편안해졌다. 신기했던 건 기분이 좋아졌다는 점이다. 프랭클린의 매력이 뭘까 궁금했다. 아무리 생각해도 모르겠던 걸 아이 동화책을 읽어주면서 알게 되었다.

동화책은 자극적이지 않다. 상상력이 더해진 모험의 세계가 펼쳐지기도 하지만 가족, 친구, 학교와 같은 일상 이야기에 그림체까지 따뜻하다. 동화책을 읽어주는 동안 마음이 맑아진다. 동심으로 돌아가기도 하고 젊었을 부모님을 떠올리기도 한다. 가족의 사랑, 친구와의 우정을 담은 프랭클린 만화가 동화책과 닮아 있었다.

선우는 속상할 때면 책을 본다. 여섯 살 때, 하고 싶은 대로 하지 못하자 짜증이 났다. 금방이라도 울 듯이 짜증을 내다가 고개를 숙이고 옆에 있던 책을 봤다. 그러다 다시 생각난 듯 짜증을 부리고 또 책을 봤다. 그 모습에 남편과 눈을 마주치며 아이 몰래 웃었던 적이 있다. 혼이 난 날도 책을 보다 잠이 든다. 아이 장난감을 몰래 버린 날도 그랬다. 새 책이 왔다는 말에 울다가 눈이 동그래졌다. 어서 풀어보고 싶어 하던 모습에 미소가 지어졌다.

선우에게 책도 그런 존재가 아닐까. 자기도 모르게 위로받고 힘이 나는 존재. 동화책을 통해 평범한 일상을 바라보고 그 속에 있는 행복을 느낀다.

동화책은 자극적이지 않다

상상력이 더해진 모험의 세계가 펼쳐지기도 하지만

가족, 친구, 학교와 같은 일상 이야기에 그림체까지 따뜻하다

동화책을 읽어주는 동안 마음이 맑아진다

답답함을 풀어준 한 줄의 글

똑똑. 저녁 6시에 노크를 한 사람은 같은 아파트에 사는 여덟 살 남자아이, 여자아이였다. 매일 놀이터에서 만나 놀다가 오늘은 나오지 않으니 데리러 왔다. 선우, 윤우는 옷까지 다 갈아입고 DVD를 보는 중이었다. 갑작스레 찾아온 아이들이 당황스러웠지만 들어오라고 했다. 남자아이는 치우지 않은 집을 현관에서 보고 깜짝 놀랐다. 우리 집의 첫인상을 뭐라고 생각했을까.

놀이터에서 놀다 들어 온 아이들이 선우, 윤우의 2층 침대를 보고 올라가 본다. 처음 와 본 이웃 동생 집이 신기한지 이곳저곳 둘러본다. 여자아이는 안방 문을 열고 들어오더니 아기가 있다며 친구를 부른다. 씻지 않은 손으로 아기를 만지고 공갈 젖꼭지를 물린다. 옷을 꺼내주며 나가서 놀라고 했는데, 갈 생각을 하지 않는다. 모두 나간 뒤 다시 청소했다. 모래가 떨어진 바닥을 밀고 이불도 한 번씩 털었다. '선우 윤우가 좋아하는 형이잖아, 편하게 집을 오갈 수도 있지……. 집에 낯선 사람이 오는 게 왜 이렇게 불편하고 싶을까? 내가 너무 꼬여 있나?' 정리되지 않은 집, 예기치 않은 손님에 마음이 불편했다.

밤 9시, 독서 노트 작성법에 대한 강의가 있었다. 강의 전까지 오늘 하루 쓸 글을 보고 있었다. 반 페이지만 더 쓰면 되는데 막혔다. 조금 전, 아이들이 다녀간 뒤 더 쓰지 못하고 보고만 있었다. 초고를 쓸 때는 나와의 약속이라 생각하고 하루 한 꼭지씩 쓴다. 술술 써진 날이 거의 없지만 쓰다 보면 어떻게든 써졌다. A4 용지 1.5~2매 분량의 글을 다 쓴 뒤면 약속을 지켰다는 생각에 뿌듯했다. 오늘은 아니었다. 깜빡이는 커서를 멍하니 바라보았다. '나는 글을 왜 쓰는 걸까? 꾸역꾸역 쓰고 있는 건 아닐까? 이건 아니지. 이런 마음으로 쓰면 안 되지!' 하는 생각에 손을 멈췄다.

저녁을 안 먹은 선우, 윤우가 군것질거리만 찾는다. 남편이 아이들을 씻기고 저녁까지 챙겨주었다. 부엌은 엉망이 되어 있었다. 고마움과 동시에 한숨이 나왔다. 시간이 되어 강의를 듣고 있는데 바깥이 조용하다. 느낌이 이상하다. 문을 열고 나가 보니 남편은 게임을 하고 아이들은 뒤에서 보고 있었다.

"선우 윤우! 방에서 안 나와?!"

"아니…… 우리 안 보고 있었어."

한때 남편은 친구와 대화하며 할 수 있는 스타크래프트, 배틀그라운드라는 게임을 즐겨 했었다. 아이들이 최대한 늦게 접했으면 하는 것 중 하나가 게임이다. 아이들 잘 때나 없을 때, DVD 볼 때 하면 될 텐데 그게 그렇게 안 될까. 엄마한테 와도 된다고, 엄마 옆에서 놀라고 해도 게임 하는 아빠 곁으로 자꾸 모여든다. 게임을 두고 남편과 여러 번 얘기 해봤지만, 제자리다.

남편에 대한 원망이 애꿎은 아이들에게 날아갔다. 애들한테 화내고 나니 마음도 불편하고 강의에 집중도 안 된다. '너무 내 위주로 생각하나?', '어떻게 하면 기분 상하지 않게 잘 얘기할 수 있지?', '게임, 스마트폰 최대한 멀리하자 해놓고 아빠가 게임 하는 모습을 보여주면 어떡하지?', '내가 유난스러운 건가.' 등등 온갖 생각이 머릿속에 떠다녔다.

밤 11시가 넘어 강의가 끝났다. 다시 쓰다 만 글을 보고 있는데 기분이 축축 처지기 시작했다. '나는 도대체 글을 왜 쓰는 거지? 지금 뭐 하고 있는 거지? 선우, 윤우는 아빠가 하는 게임 보고 있는데 나는 수업 듣고 글 쓰고 있으면 안 되는 거잖아…….' 회의감이 밀려왔다. '이렇게 쓰는 글이 뭐 좋을려구…….' 그때 동생에게 전화가 걸려 왔다.

전업 작가로 사는 동생과 글쓰기에 관한 이야기를 자주 한다. 내가 방황하고 무기력해질 때마다 그 이유를 콕 집어낸다. 자신이 먼저 겪어봤기에 잘 안다. 독설도 서슴지 않는다. 전업주부인 내가 전업 작가인 동생과 똑같은 패턴으로 가려고 하는 게 문제였다. 주위 환경과 현실에 부딪히고 스트레스받았던 거였다. 맞다. 나는 전업주부였지. 글 쓰는 일은 2순위인데 1순위에 두고 매일 목표한 양을 채워나갔다.

하루에 A4 용지 1.5매를 쓴다는 것은 나만의 선일 뿐, 꼭 지켜야 한다는 강박관념을 갖지 말라고 했다. 스트레스 풀 것도 없고 혼자만의 시간도 없어 보인다고 카페 가서 세 시간만 혼자 있다 오라고 권한다. 40분 통화 후 동생으로부터 커피와 조각 케이크 쿠폰이 날아왔다. 아이들은 벌써 잠이 들었다. 엉망인 부엌은 그대로 두고 나도 잠을 청했다.

새벽에 은서 맘마를 먹인 뒤 다시 자려고 누웠는데 잠이 오질 않았다. 부엌으로 가 설거지를 30분 동안 하다 들어왔다. 책상 앞에 앉았다. 전날 쓰다 만 글을 들여다봤다. 훨씬 잘 풀렸다. 어제는 꼬인 실타래처럼 여러 생각과 감정이 뒤엉킨 상태였다. 맑은 정신이어서 그럴까. 설거지해놓고 와서 그럴까. 글을 마무리 지으니 윤우가 일어나 온다.

아침부터 날씨가 흐리더니 오후에 비가 왔다. 나가기 귀찮은데 카페에 가지 말까 망설였다. 그래도 뭔가 달라지지 않을까 싶어 챙겨 나왔다. 가볍게 가라고 했는데 책이며 필통이며 일기장이며 바리바리 싸 왔다. 창밖도 보고 두서없이 일기도 쓰고 가져온 책도 읽었다. 글쓰기에서 오는 고민이라 글쓰기 관련 책을 가져왔다. 바버라 애버크롬비의 《작가의 시작》을 읽다 보니, 내 상황과 딱 맞는 글이 나왔다.

"한동안 당신은 자신의 목소리를 갖고 글을 쓴다. 그 목소리가 어떤 것이든, 즉, 재미있는 목소리든, 사려 깊은 목소리든, 뻔뻔한 목소리든, 거친 목소리든, 부드러운 목소리든, 그 목소리가 페이지 위에서 생생하게 살아서 당신의 이야기와 적절하게 어우러진다. 그러다 어느 날 갑자기 목소리가 재미없는 교과서처럼 무미건조해지거나 위선적이고 부자연스럽게 변한다. 당신의 목소리를 되찾는 유일한 방법은 계속 쓰는 것이다. 믿음을 가져라. 목소리는 돌아올 것이다." 너무 나를 몰아붙였나? 지금 멈춰야 해? 그래도 계속 가야 해? 고민 중이었다. 내 목소리를 되찾는 유일한 방법이 계속 쓰는 것이라니! 이런 명쾌한 해답을 내려주다니!

바로 옆에는 이런 글이 실려 있었다. "아무리 짧은 책이라도 책 한 권을 집중해서 쓰고 있다면 일주일 이상씩 휴식을 가져야 한다." 내게도 휴식이 필요했다. 카페에서 혼자만의 시간을 보내는 것만해도 에너지 충전이 됐다. 오늘 쓸 글이 막막했는데 카페에 있는 동안 메모하고 틀을 잡았다. 2시간 30분의 외출로 기분 전환 제대로 하고 돌아왔다.

동생의 권유로 가게 된 카페, 집에서 가져간 책, 그 속에 내 상황과 딱 들어맞는 글을 만나게 될 줄이야! '조급해하지 말자. 나를 믿고 나아가면 된다.'라고 나를 다독였다. 지금, 오늘 할 수 있는 일에 집중한다. 쓰는 일은 오늘도 할 수 있다. 그러므로 나는 오늘도 쓴다!

읽고 쓰는 삶

남편과 아이들이 모두 나갔다. 아이들과 가는 1박 2일 첫 캠핑이다. 셋째 임신 중일 땐 쉬라고 아이들 데려나가고, 출산 후에는 아기가 어리니 큰애들만 데려나간다. 만삭 땐 함께 하고 싶어도 몸이 무거워 집에 남았다. 혼자 있으니 심심했다. 언제 오느냐고 전화를 걸기도 했다. 남자 셋이 잘 다녀서 서운한 마음도 조금 들었다. 지금은 아이들 데리고 잘 다녀주는 남편에게 그저 고맙다. 혼자 있는 조용한 시간을 서서히 즐기게 되었다.

4월인데도 초겨울처럼 바람이 쌩쌩 분다. 쏘렌토 트렁크가 꽉 찰만큼 짐을 실었다. 날씨가 추워 걱정됐다. 안 갔으면 하는 마음 반, 어서 갔으면 하는 마음이 반이다.

"엄마! 은서랑 잘 있어!"

스파이더맨 가방을 멘 선우가 말했다.

"엄마! 안녕! 잘 갔다 올게~"

윤우도 싱글벙글하며 나갔다. 은서를 안고 베란다에서 내다보았다. 아이들에게 인사를 했더니 손을 흔든다. 선우는 차가 아파트 단지 모퉁이를 꺾어 나갈 때까지 나를 보며 손을 흔들었다. 시끌 시끌하던 집이 조용해졌다. 은서를 다시 침대에 눕히고 세탁기를 돌렸다. 배고플 때, 기저귀 갈 때 말고는 대부분 잠만 자는 신생아 라 집에 혼자 있는 기분이었다.

뭘 할까 고민하다 거실 책장을 돌아다니며 생각나던 책을 뽑았 다. 예전에 읽었던 책, 읽다가 중단한 책, 지금 읽고 있는 책, 비닐 도 안 뜯은 새 책. 어떠한 기준도 없이 그냥 지금 딱 읽고 싶은 책, 머릿속에 맴돌던 책들을 뽑아냈다. 두 권이 아무리 찾아도 안 보 인다. 남편에게 전화를 걸었다.

"혹시 홈스쿨링 책 어딨는지 알아요? 거실에 꽂아 둔 거 같은데."

"홈스쿨링? 뭐지 그게?"

"〈영재 발굴단〉에 나오는 노규식 박사랑 같이 쓴 거 있잖아요. 제목은 모르겠는데 흰색 표지에 시계 그림도 있었던 것 같고. 다 시 보려고 하는데 안 보여~"

"아아, 흰색 표지! 그거 안방 쪽 벽면에서 본 거 같은데."

"나도 거기 있는 줄 알고 봤는데, 없어요. 그럼 《강안독서》 책은 요? 선배 방에서 얼핏 본 것 같은 데 없네?"

"맞아. 내 방에 있을걸? 책장 가운데쯤에."

둘 다 그거 어디 있을 텐데, 안방 쪽 책장에 있을 텐데, 흰색 표지인데, 푸른색 표지인데 하면서 어디쯤 꽂혀 있는지 얘기했다.

"아! 찾았다! 여기 있었네!"

몇 번이나 훑어봤던 책장인데 눈에 안 들어왔었다. 둘의 기억대로 책은 그즈음에 꽂혀 있었다. 책을 사서 보면 좋은 점이 이거다. 언제 어느 순간 생각나면 바로 뽑아서 읽을 수 있다는 것이다.

책장을 훑다가《스토너》책이 보였다.

2019년 여름, 태풍 링링이 북상 중이라 피해 없도록 주의하길 바란다는 아파트 안내방송이 나왔다. 그 방송을 들으며 밖에서 놀았다. 산을 쳐다봐도 하늘을 올려다봐도 답답한 마음이 나아지지 않았다.

남편의 파견 근무지에 따라온 지 두 달도 안 돼 층간 소음 문제가 생겼다. 1층이 비어 있는 2층이라 층간 소음은 생각지도 않았다. 오히려 잘됐다고, 1년 살다 가기에 좋겠다고 여겼다. 우리 집 아래는 자전거 보관소가 있는 뻥 뚫린 필로티 구조다. 이 구조가 소리에 취약한 줄은 몰랐다. 관리실을 통해 여러 번 이야기를 듣자 집이 감옥처럼 느껴졌다. 바깥도 사람 보기 귀했고 아이들 노는 소리가 눈치 보일 정도로 조용했다. 산과 논밭, 차도만 있는 시골 외곽지역에 지어진 아파트 단지였기에 차가 없으면 이동할 수가 없었다. 외딴섬에 아이들과 뚝 떨어진 기분이다. 집보다는 밖이 그나마 낫겠지 싶어 거의 하루도 빠짐없이 나왔다. 2019년의 여름은 내 기억 속에 굉장한 더위로 남아 있다. 매일같이 폭염주의보가 떴지만, 아이들과 밖으로 나가지 않은 날이 드물었다. 태풍 링링이 올라온다는 날에도 나갔다.

벽에 낙서하기, 자고 싶을 때 자기와 같은 우리 집이라서 허용되던 것들이 와르르 무너졌다. 아래층에 사는 분들은 주말에만 한 번씩 왔다. 아이들이 시끄럽게 해도 아들 둘 키워봐서 안다고 이해해주셨다. 층간 소음으로 한 번도 이야기한 적이 없어 늘 감사하고 죄송한 마음이었다.

집에 들어 온 후 씻기고 먹였다. 자고 싶지 않은 아이들을 억지로 재웠다. 억지로 재우기 위해서 깜깜해서 안 보인다는 윤우 말도 무시하고 자는 척을 했다. 자는 척을 하다 잠이 들었다. 한 시간이 채 안 되어 눈이 떠졌다. 아이들은 모두 잠들어 있었다. 혼자 일어나 거실로 나왔다. 기분이 말할 수 없을 정도로 엉망진창이었다. 이 기분은 도대체 뭐지, 혼란스러워하는 사이 당직인 남편에게서 문자가 왔다.

[애들 자?]

[네…… 그런데요…… 기분이…… 진짜…….]

속에서 뜨거운 불이 치솟는다. 이웃집을 향한 배려인지, 이웃집에 의한 강제적 배려인지, 점점 이곳이 답답하고 싫어지기만 했다. 내 기분이 엉망인 이유는 종일 입에서 나온 내 말과 행동 때문이다.

"뛰지 마!"

"조용히 해!"

"소리 지르지 마!"

"윗집 아저씨 시끄럽대!"

차마 입에 담기도 싫은 말과 행동들. 다 내 탓인 것만 같았다. 내가 남편과 떨어져 있기 싫어서 따라왔다. 선우, 윤우는 아빠와 떨어져 있어도 잘 지냈을 거다. 아파트 모래 놀이터에서 놀다가 강변에서 놀다가 할머니 집도 왔다 갔다 했다가 그리고 주말에 아빠 보면 되었을 텐데……. 아이들이 지내는 환경이 얼마나 중요한지 새삼 깨닫는다. 잠든 아이들을 보며 미안하고 또 미안한 마음이 들었다.

다음 날, 새로 온 책 중 뭘 읽어볼까 뒤적이다 《스토너》를 골랐다. 한 사람의 단조로운 인생 이야기가 왜 이렇게 흥미로운 건지! 앉은 자리에서 100여 페이지를 읽어나갔다. 눈이 뻑뻑해 책을 덮고 잠시 누웠다. 책 생각만 났다. 놀이터에 갈 때도 가져갔다. 책 속으로 금방 빠져들었다. 씻기고 밥 차려서 먹이는 동안에도 책에 빠져들었다.

아이들이 잠투정하는 와중에 양치질시켰더니 엄마 싫다고 방에 들어가 눕는다. 흥 하고 거실에 나와 책을 보는데 조용하다. 어중간한 오후 5시에 낮잠을 잔다. 과자와 커피를 가져와 다시 책을 읽으려는데 남편에게 문자가 왔다. 저녁 먹고 온다고, 저녁만 먹고 금방 갈게 하며 미안해한다. 괜찮다고, 천천히 밥 먹고 오라고 답할 수 있는 데는 다 이 책 덕분이었다. 책 한 권으로 기분이 좋아졌다. 나중이야 어떻든 지금, 이 시간을 즐기려고 마음먹게 해준 책이다.

《스토너》를 보고 2년 전 일이 생생하게 떠오를 수 있었던 건 블로그에 남긴 기록이 있어서다. 오늘 하루는 아이들과 무얼 하며 보냈는지, 나는 어떤 감정이었는지, 무엇을 보고 읽었는지를 적었다. 쓰는 순간 내 하루는 특별해진다. 갑갑하게만 느껴졌던 2019년의 여름도 지나고 보니 그리움이 되었다. 다섯 살, 네 살의 귀여운 두 녀석과 보냈던 뜨거운 여름. 읽고 쓰는 생활을 계속해나갔기에 버틸 수 있는 날들이었다.

뽑아 든 책을 한 아름 안고 방으로 들어왔다. 침대에 기대앉아 아무거나 한 권 집어 들었다. 밑줄이 그어져 있고 책 귀퉁이가 접혀 있는 부분을 다시 펼쳐 읽었다. 조금 뒤 자고 있던 은서가 깼다. 기저귀를 갈고 맘마도 먹이고 트림시킨 후 침대에 눕혔다. 그사이 빨래가 다 돌아갔다고 알람이 울렸다. 건조기를 돌린 뒤, 이번에는 노트북 앞에 앉았다. 글을 쓰고 싶다는 욕구는 독서에서 시작되었다. 읽다 보면 쓰고 싶고, 쓰다 보면 읽고 싶다. 이 행복한 굴레에서 평생 벗어나고 싶지 않다.

글을 쓰고 싶다는 욕구는 독서에서 시작되었다

읽다 보면 쓰고 싶고, 쓰다 보면 읽고 싶다

이 행복한 굴레에서 평생 벗어나고 싶지 않다

제 4 장

작은 습관이
만들어준 큰 변화

초등학교 일기와 받아쓰기에는 특별한 게 있다

"엄마, 나 받아쓰기 백 점 받았어."

집에 돌아온 선우가 학교에서 있었던 일, 친구와 있었던 일을 얘기하다 무심히 말한다.

첫째가 학교에 들어가면서 학부모가 되었다. 국어, 수학이라는 과목을 공부하고 빨간색 동그라미, 빗금 쳐진 시험지도 한 번씩 들고 온다. 그림일기와 받아쓰기를 하면서부터 초등학생이 되었음을 더욱 실감했다. 학교에서 처음 그림일기 쓰는 걸 배워왔을 때, 두근거렸다. '아! 이제 선우도 일기 쓸 때가 온 건가!' 아이들에게 책 읽고 일기 쓰는 습관만큼은 꼭 들여주고 싶었다. 이 두 가지가 힘든 순간마다 내게 얼마나 큰 힘이 되었는지 경험 해봤기 때문이다. 특히 사춘기, 자신의 정체성을 확립해 갈 때 독서와 글쓰기는 든든한 나침반 역할을 해줬다.

저녁 먹고 부엌에서 설거지하고 오면 선우, 윤우는 거실에서 놀고 있다. 레고도 하고, 카드놀이도 하고, 책도 보고, 그림도 그린다. 평온한 그 모습 그대로 두고 싶다. 하지만 3초 망설였다가 말한다.

"선우야, 일기 쓰자."

"알겠어, 이것만 하고~"

순순히 답할 때도 있지만, 일기 쓰기 싫다고 오늘은 안 쓰면 안 되냐고 할 때도 많다. 쓰기 싫은 마음, 안다. 왜 매일 일기를 써야 하냐는 툴툴거림에 최대한 친절하게 답하려 한다. 일기를 쓰면서 하루를 되돌아볼 수 있고, 내가 잘한 행동과 잘못한 행동이 무엇인지 생각해 볼 수 있다, 그런 과정이 더 나은 사람으로 만들어준다, 생각을 글로 쓰는 건 중요한 일이다, 엄마는 일기 쓰기 덕분에 지금도 글 쓰는 게 너무 좋다 등등 구구절절 말한다. 선우는 듣는지 안 듣는지 계속 입이 나와 있다. 그래도 쓴다. 잠들기 직전까지 놀다 들어온 게 아닌 이상 매일 일기를 쓰고 있다. 오늘 뭐 했는지 신중하게 고민한다. 초반에는 만화 본 거, 책 산 거, 포켓몬 빵 산 거 같은 이야기도 적어도 되는지 물어봤었다. 뭐든 괜찮다고 했더니 이젠 혼자서 글을 쓰고 틀린 글자 있냐고 물어본다. 받침이 약해서 짚어주는 부분이 많다. 그래도 점점 느는 게 보인다. 자주 쓰는 단어인데 헷갈리면 앞에 쓴 일기장을 넘겨 보기도 한다.

학부모가 되고 조금 놀랐던 건 요즘엔 알림장도 앱을 깔아서 볼 수 있게 하는 거였다. 설문조사나 학교 행사, 과제, 준비물이 하교 후 매일 뜬다. 알림장 앱에 '받아쓰기 실시'라는 글이 있었다.

"선우, 내일 받아쓰기한다는데? 엄마랑 연습하자."

"어? 나 종이 안 들고 왔는데."

일기도 겨우 쓰고 자러 들어가는 아이한테, 시험 범위 종이도 없다 하는 아이한테 무슨 연습을 하자고 하겠나 싶어 잘 자라고만 했다. 그리고 나도 잊어버렸다.

"뭐어?! 백 점?! 어제 받아쓰기 연습도 안 하고 갔는데?"

"응. 근데 백 점 받은 사람 많아."

"그래도! 백 점이나 받고, 대단한데! 선우가 받아쓰기를 왜 잘한 줄 알아?"

"왜?"

"매일 일기를 써서 그래. 선우가 쓰기 싫은 날에도 열심히 썼잖아. 틀린 글자도 엄마랑 고쳐 가면서. 그러면서 많이 는 거야. 그게 기쁜 거지."

아이가 어떤 점수를 받아와도 잘했다고만 했다. 4개나 맞았냐고, 저번보다 더 많이 맞았네 하면서. 받아쓰기도 백 점이 기쁜 것보다 점점 늘어가는 모습에 기뻤다.

나는 받아쓰기를 잘하고 좋아하는 아이였다. 미리 연습하던 시간도 좋아했다. 다음 날 학교에서 받아쓰기 시험이 있는 날이면 엄마와 저녁에 받아쓰기를 연습했다. 저녁을 먹고 씻고 잠옷으로 갈아입은 뒤 교과서와 공책, 연필, 지우개를 들고 엄마를 기다렸다. 화장실에서 씻고 나온 후라 엄마에게서 향긋한 로션 향이 풍겼다. 교과서 범위를 알려준 뒤 받아쓸 준비를 했다. 지문에서 아무 문장이나 엄마가 읽어주면 잠시 고민했다가 받아썼다. 맞춤법과 함께 띄어쓰기도 중요했다.

"엄마, 할머니 댁 할 때, 댁 띄어 써?"

헷갈리는 글자와 띄어쓰기를 알아가는 재미가 있었다. 선생님이 1번, 2번 하면서 한 문제씩 부를 때마다 자신감이 넘쳤다. 엄마와 공부한 문제가 나오면 반가웠다. '어! 이거 엄마랑 한 거다! 집에 가면 얘기해줘야지!' 대부분 백 점 아니면 한 문제 틀렸다. 동그라미 열 개가 쳐진 시험지를 들고 가는 발걸음이 가벼웠다. 엄마에게 얼른 자랑하고 싶었다.

친정에 초등학교 6년 동안 쓴 일기장이 있다. 어릴 때 일기장을 보면 재밌다. 할머니 댁과 외삼촌 댁에 놀러 간 이야기가 많았다.

이런 일이 있었구나, 기분이 이랬구나 어렴풋이 떠올려지기도 한다. 내가 썼던 초등 일기장을 보더니 선우가 자기도 좀 더 길게 쓰고 싶다고, 이젠 그림 말고 글로만 쓰고 싶다고 했다. 친정에서 여름 방학을 지낼 때도 일기 쓰기를 계속했다. 선우는 중얼중얼하며 글을 썼다. 나는 옆에 앉아 모르는 글자를 물어볼 때마다 알려주었다. 엄마가 열심히 일기 쓰는 선우를 보며 칭찬했다.

"엄마, 엄마도 나 이렇게 일기 쓰는 거 봐줬을 거 아냐."

"그럼, 엄마도 그랬지."

어릴 적, 일기 쓰기와 받아쓰기가 좋았던 이유는 엄마와 함께 한 시간에 있었다. 이게 맞나? 틀렸나? 갸우뚱하며 써 내려가던 여덟 살의 내 모습. 지금 내 나이와 같은 젊은 엄마. 엄마와 보낸 저녁 시간이 즐겁고 편안하게 기억된다. 선우에게도 일기 쓰는 이 시간이 따뜻하게 기억되면 좋겠다.

일기를 쓰면서 하루를 되돌아볼 수 있고,
내가 잘한 행동과 잘못한 행동이 무엇인지 생각해 볼 수 있다
그런 과정이 더 나은 사람으로 만들어준다
생각을 글로 쓰는 건 중요한 일이다

글씨는 너의 얼굴이란다

글을 쓸 때 바르게 쓰면 좋다. 보기에 좋은 것은 물론이고 상대방에 대한 호감도도 높아진다.

"글씨가 참 예쁘네요."

서류에 사인할 일이 있을 때, 글씨 예쁘다는 말을 종종 듣는다. 예쁘다는 말에 저마다의 기준이 있겠지만 내 기준엔 글씨가 반듯하면 예뻐 보인다. 글씨를 보고 그 사람의 얼굴을 한 번 더 볼 때가 있다. 글씨 하나로 신뢰도와 호감도가 함께 올라갔다. 글씨도 마음가짐이다. 신경 써서 쓸 때와 대충 쓸 때의 마음이 다르다. 열 살 때, 한동안 제멋대로 쓴 적이 있었다. 어릴 때 글씨가 뭐라고 생각할 수도 있다. 하지만 바르게 썼을 때와 휘갈겨 썼을 때의 상반된 경험이 어린 내게 깊은 깨달음을 남겼다. 또박또박 쓸 때와 삐뚤빼뚤 쓸 때의 기분, 분명하게 달랐다.

초등학교 들어갈 때부터 글씨는 바르게 써야 한다는 교육을 받았다. 일기장을 보면 1, 2학년까지는 글씨가 반듯하다. 초등학교 3학년 한 해 무슨 일이 있었던 걸까. 글씨가 제멋대로다. 꼬부랑 글씨, 날아가는 글씨, 모양을 낸 글씨…… 쓰기 싫어 어쩔 줄 모르겠다는 글씨체다. 3학년 담임 선생님은 일기가 쓰기 싫은 날에는 그림일기나 좋아하는 동시 적기, 네 컷 만화를 그려도 된다고 했다. 한 번 마음대로 글을 쓰기 시작하니 일기도 쓰기 싫어졌다. 귀찮은 마음이 더 컸다. 일기장에 내 글 대신 동시나 만화로 대체하는 날이 늘어갔다. '아홉 살까지는 글 쓰는 것도 재밌고 싫지 않았는데 열 살이 되니 왜 이렇게 싫을까?' 궁금했다.

4학년이 되었다. 새로 반을 배정받고 담임 선생님과 처음 만나던 날, 선생님은 글씨 이야기를 하셨다.

"글씨는 너희들 얼굴이야. 선생님은 대충 쓰고 휘갈겨 쓰는 글은 못 봐. 한 자 한 자 또박또박 쓰는 연습 해. 안 그러면 선생님한테 혼난다!"

글씨를 바르게 쓰지 않으면 혼난다는 말에 교실이 조용해졌다. '글씨 좀 못 쓰는 게 혼날 일인가?' 생각했지만 혼나는 건 싫었다. 선생님 말씀을 들을 수밖에 없었다. 못난 글씨가 굳어 갈 때였다. 신경 써서 한 자씩 적으려니 쓰는 속도도 느려지고 손에 힘이 들어갔다.

선생님 뜻을 깨닫게 된 데는 오래 걸리지 않았다. 반듯해진 글씨가 스스로 보기에도 좋았다. 보기 좋으니 계속 쓰고 싶었다. 쓰기가 즐거운 일이 되었다. 글씨 예쁘다는 칭찬이 내가 예쁘다는 말로 들렸다.

글씨 칭찬을 들을 때마다 초등학교 4학년 담임 선생님이 떠오른다. 그리고 늘 감사한 마음이다. 선생님이 아니었으면 글씨의 중요성을 알지 못했거나 늦게 깨달았을지 모른다.

중학교 3학년 때, 글씨 덕분에 공개적으로 칭찬 받았던 적이 있다. 과학 선생님은 매시간 칠판 가득 수업 내용을 적었다. 우리는 그걸 공책에 받아 적었다. 딱딱. 사각사각. 선생님의 분필 소리와 따라 쓰는 연필 소리만 들렸다. 시간이 멈춘 듯한 조용함이 좋았다. 수업 시간에 필기한 것과 과제를 정리한 공책을 수행 평가로 걷어 간다고 했다. 언제 걷어 갈지는 얘기해 주지 않았다. 불시에 걷어 간 공책을 돌려받던 날, 선생님 손에 다섯 권의 공책이 들려 있었다.

"여기 있는 공책은 깔끔하게 정리를 잘해서 한 번 보여주려고. 이것 봐. 한눈에 내용이 들어오지? 글씨를 보면 얼마나 정성 들여 썼는지가 보여. 얼굴 한번 볼까?"

한 사람 한 사람 이름을 부를 때마다 손을 들었다. 내 이름이 불렀고 선생님과 눈이 마주쳤다. 칭찬이 담긴 눈빛을 받자 가슴이 두근두근 뛰었다. 글 쓸 때 조금 신경 썼을 뿐인데 이렇게 공개적인 칭찬을 받는 날도 다 오는구나!

함께 글쓰기 수업을 듣고 소통하는 글동무에게《매일 읽는 헨리 데이비드 소로》를 선물 받았다. 365일 일별로 헨리 데이비드 소로의 명문장을 발췌해놨다. 아무 곳이나 펼쳐 읽었다. '아 좋다!' 하고 그냥 덮기엔 아까울 만큼 문장이 좋았다. 이렇게 멋진 책을 선물 받았는데 어떻게 활용하면 좋을까 생각했다. 그래! 매일 날짜별 문장을 필사하고 그 밑에 내 생각을 몇 줄이라도 적자! 그날 바로 시작했다. A5 노트에 헨리 데이비드 소로의 문장을 검은색으로 적었다. 문장과 관련된 내 생각이나 떠오르는 일을 파란 글씨로 적었다. 그리고 블로그와 인스타그램에 공유했다. 그렇게 한 달, 두 달 흘러갈 때쯤 글씨 예쁘다는 댓글이 달렸다. 나는 평소대로 쓴 거였는데 글씨 예쁘다는 얘기에 더 신경 써서 적게 되었다. 매일 좋은 문장을 읽고 내 생각을 종이 위에 꾹꾹 눌러 썼다. 다시 한 달, 두 달 지나갈 때쯤 글씨가 여전히 정갈하고 예쁘다는 댓글이 달렸다. 혼자 필사하고 글 쓰고 있다고 생각했다. 그런데 지켜보고 있는 사람들이 있었다. 빠질 수가 없었다. 글 쓰는 것 자체의 재미도 필사를 꾸준히 하는 데 도움이 됐다. 오늘은 또 어떤 문장이 나올까? 이 문장을 읽고 나는 어떤 글을 쓰게 될까? A5 노트를 빼곡하게 채운 글이 세 권째 쌓여 간다. 그렇게 1년째 필사를 이어오고 있다.

수많은 글씨체를 마주하며 살아오던 어느 날 이런 생각이 들었다. 초등학교 4학년 담임 선생님은 글씨 자체의 예쁨보다 글을 쓰는 정성을 보신 게 아닐까? 아! 글씨도 마음이구나! 글자 하나에도 정성을 들이는 사람은 삶을 대하는 태도도 다르겠구나! 나의 유레카였다. 그때부터 글씨를 더 유심히 보는 습관이 생겼다. 사람마다 글씨체가 다 다르다. 신경 써서 글을 쓰면 보기에 좋다는 것도 있지만, 글자 하나에도 작은 정성을 기울이는 그 사람의 마음이 담겨 있기에 좋다. 글씨는 마음가짐이다. 반듯하게 쓴 글씨가 좋아 쓰기가 좋아졌다. 작은 일에도 마음을 담으면 그 마음이 어디로 연결될지 모를 일이다.

신경 써서 글을 쓰면 보기에 좋다는 것도 있지만,

글자 하나에도 작은 정성을 기울이는

그 사람의 마음이 담겨 있기에 좋다

글쓰기의 재미를 일깨우다

작가, 기자, 편집자, 시인, 사서, 평론가, 국어 교사처럼 글과 관련된 일을 하는 사람을 동경했다. 영화, 드라마, 소설 속 주인공이 글 쓰는 사람이거나 글과 조금이라도 관련된 이야기가 나오면 챙겨봤다. 책과 영상 속에서 글과 씨름하는 모습이 멋있어 보였다. 막연하게 '글 쓰고 싶다, 글 쓰면서 살고 싶다.' 생각만 하면서 살았다. 실제로 쓰는 글은 일기와 블로그의 일상 글이 다였다.
현재 나는 공저와 전자책을 포함해 네 권의 책을 낸 작가가 되었다. 매일 글 쓰는 사람으로 살아가고 있다. 본격적으로 '글 쓰고 싶다! 글 쓰면서 살고 싶다!' 생각하게 된 계기가 있다.

두 살, 세 살 아들과 정신없이 저녁을 먹고 치운 후였다.
"다음 수업까지 에스프레소 한 잔 마시고 가야 해. 숙제야."
평생교육원에서 바리스타 수업을 듣던 남편이 말했다. 커피의 '커' 자도 모르던 남편이 커피를 즐기는 사람이 되어 가고 있었다.

과제 겸 산책 겸 커피전문점에 갔다. 보통 카페와 달리 직접 로스팅도 하고 원두 종류도 나라별로 많았다.

그곳에서 문예전 공모를 봤다. 카페 자체에서 여는 공모전이었다. 우리가 간 날이 마감 3일 전이었다. 운문, 산문 부문이 있었다. 고등학생 때 꿈이 시인이었던 남편은 운문에, 나는 산문에 응모해 보기로 했다. 집에 온 후 곧장 방에 들어가더니 30분 뒤 나왔다. 다 썼다면서 시 쓰는 즐거움을 오랜만에 느껴봤다고 했다. 나는 커피와 관련된 글을 뭘 쓸까 아직 고민하고 있었다. 〈가장 좋아하는 커피〉라는 제목으로 글을 썼다. 고등학교 야간자율학습 시간, 친구와 몰래 자판기 커피를 뽑아 마시며 미래에 관해 이야기했던 추억을 소환했다.

며칠 뒤, 남편에게만 시상식 안내 메일이 왔다. 나는 상 받을 거라는 기대는 하지 않고 응모해 보는 데 의의를 두었었다. 남편의 수상 소식이 더 궁금했다. 수상자를 확인하던 남편이 크게 웃었다. 내 이름도 있다고 했다. 마감 시간에 쫓기듯 글을 써야 하는 게 싫어서 안 내려고 했었다. 남편의 응원에 힘입어 마감 20분 전에 메일 보내기를 눌렀다. 그런데 부부가 나란히 은상이라니!

시상식에 참석하니 나이대가 다양했다. 대학생도 있었고 부모님 나이대 분도 있었고 나처럼 아기 엄마도 있었다. 응모작들은 국문

학과 교수님들이 읽고 뽑았다고 했다. 갑자기 대학교지 활동 당시, 우리 교지 이름을 내건 문예전이 생각났다. 수십 편의 응모작을 읽으며 글 잘 쓰는 사람이 많다는 사실에 조금 주눅 들기도 했다. 내가 뭐라고 이 사람들 글을 평가하나, 금상, 은상, 동상 구분 짓나 미안하기도 했다.

카페 문예전에서 수상한 시와 글은 새로 분점을 낸 카페에 전시됐다. 지역 신문에도 기사가 났다. 그날 밤 메일을 보내지 않았다면 일어나지 않았을 일이다. 지원해보길 잘했다.

카페 문예전 발표가 난 4일 후, 독서감상문공모 발표가 났다. 발표일을 달력에 적어두고 깜빡했다. 아침에 눈 뜨자마자 생각이 났다. '아! 발표일이 어제였는데!' 눈을 비비며 얼른 홈페이지에 들어갔다. 수상자를 확인하는 순간 잠이 확 깼다. 내 이름이 있다! 그것도 맨 첫 줄 최우수상에! 카페 문예전보다 먼저 응모했었다. 마찬가지로 응모했다는 데 만족한 터라 수상에 대한 기대가 없었다. 지역 시민을 대상으로 하는 공모전이어서 참여도 많이 할 거로 생각했다. 수상자 명단을 캡처해서 남편에게 보내니 놀라면서 축하해주었다.

행복한 10월이었다. 9월에 쓴 글들이 10월에 상으로 돌아와 기뿜을 주었다. 누가 쓰라고 한 것도 아니고 상 받아야지 하고 쓴 글도 아니었다. 주위에선 수상 선물이 뭔지 궁금해했다. 없었다. 카페 문예전은 커피 할인 쿠폰 몇 장과 전시가 다였고, 독서감상문은 시청에서 상장받은 게 다였다. 선물이나 상금보다 더 의미 있는 것을 받았다. '내가 쓴 글이 나쁘지만은 않구나.'라는 생각을 스스로 품게 됐다는 것이다. 예상치 못한 수상이 글 쓰는 재미를 다시금 일깨워주었다. 그리고 글 쓰는 삶에 한 발짝 더 다가가는 계기를 만들어주었다.

혹시 '나도 글 쓰는 거 좋아하는데, 글 쓰고 싶다.' 생각만 하고 있다면, 공모전에 도전해 보는 것도 좋다. 수상 여부와 상관없이 지원한다는 것 자체가 중요하다. 우선 응모할 글을 쓸 수밖에 없다. 이전에는 혼자 보는 일기나 아이와의 일상 기록용으로만 글을 썼다. 규격에 맞춰 고민하며 쓰진 않았다. 대회 제출을 위해 백지를 보며 썼다 지우기를 반복했다. 한 편의 글을 완성하자 뿌듯함이 밀려왔다. 그렇게 쓴 글을 원고지에 다시 옮겨 적었다. 한 자 한 자 꾹꾹 눌러쓰며 제출할 원고를 완성했다. 그때 깨달았다. '아! 나는 글 쓰는 걸 좋아하는구나! 좋아하는 사람이었지!' 이 마음을 알아채고 간직하고 있다 보니 새로운 시작을 할 때 큰 도움이 됐다. 글쓰기 수업을 들은 것이 그랬다.

조금 다른 행동이 현재로 이어지는 점을 찍는 행위였다. 평소와 똑같이 혼자 책 읽고, 글을 썼다면 지금처럼 책을 낸 작가가 될 수 없었을 것이다. 큰 대회는 아니었지만, 글을 쓰고 수상을 해 봄으로써 내 글에 대해 다시 생각하게 되었다. 글을 쓰다 보면 겸손해진다. 세상에는 글 잘 쓰는 사람이 많기에 스스로 내 글은 부족하다고 여겼다. '잘 쓴다'라는 말 자체가 비교의 의미를 깔고 있다. 잘 쓰기보다 점점 나아지는 글을 쓰고 싶다.

첫 번째 책, 두 번째 책, 세 번째 책…… 쓸수록 글쓰기가 어렵다. 이전보다 더 나아진 글로 독자를 만나고 싶기 때문이다. 비교해도 이전 내 글과 비교한다. 어떨 땐 머리가 지끈지끈 아프고 나도 모르게 미간에 주름이 잡히도록 인상을 쓰고 있다. 글을 쓰면서 답답하다, 힘들다는 마음이 들면 잠시 멈춘다. 내가 왜 글을 쓰는지, 글에 대한 나의 초심은 무엇이었는지 잊지 않으려 한다. '내 글이 나쁘지 않구나, 내 글도 좋구나!' 생각하며 기뻐하던 5년 전을 떠올린다. 글쓰기에 대한 재미를 잃지 않고 가늘고 길게, 할머니가 되어서도 글을 쓰고 있으면 좋겠다.

내가 가진 좋은 습관

매일 〈따뜻한 하루〉에서 보내주는 좋은 글을 메일로 받는다. 오늘 내용의 주제는 "작은 습관이 큰 변화를 만든다!"였다. 미국의 인기 있는 작가이자 유명한 여성 잡지 『레이디스 홈 저널』의 편집장 에드워드 윌리엄 보크 이야기다. 그가 여섯 살에 네덜란드에서 미국으로 이민해 올 때 할아버지가 해준 충고가 있다.

"나는 네게 일러주고 싶은 말 한마디가 있다. 이제부터 너는 어디로 가든지 네가 그곳에 있어서 그곳이 어떤 모양으로라도 더욱더 나아지게 하기를 힘써라."

그는 할아버지의 충고대로 충실히 살았다. 신문을 팔 때도 손님들이 불쾌하지 않게 매일 길거리를 깨끗이 청소했다. 또, 찾아오는 손님이 보고 싶은 신문이 없어서 실망하지 않도록 매일 모든 신문을 제시간에 가져다 놨다. 출판사에 취직해서도 자신의 주변을 좋게 만드는 일을 게을리하지 않았다. 주변을 정리하는 작은 습관이 성실함이라는 큰 변화를 가져왔다. 그 성실함 덕분에 그의 인생도 크게 바뀌었다. 글을 읽으면서 내가 가진 좋은 습관은 뭐가 있을까 생각해봤다.

아침마다 물통과 여분 마스크를 아이들 가방에 넣어준다. 집에 돌아오면 물통을 씻어 놓으려고 가방을 열어 본다. 한 달 식단표, 간식 표, 활동 안내표 같은 안내문이 들어 있을 때가 있다. 오늘은 자가 격리한 2주 동안 아이들이 어떤 놀이를 했는지 적는 놀이 활동지가 들어 있었다.

2021년 3월, 선우와 윤우는 사회생활의 첫발을 내디뎠다. 기관에 다녀본 적 없는 아이들이 적응은 잘할까, 어떻게 하루를 보내고 있을까 떨렸다. 오히려 아이들이 더 덤덤했다. 여섯 살 윤우는 아직은 엄마랑 같이 있고 싶다고 했다. 그래서 유치원 모집 기간에 신청하지 않았다. 이틀 후, 형이 재밌게 유치원 다니는 모습을 보면서 가고 싶어 했다. 첫날은 어리둥절하게 하루를 보내고 둘째 날은 아빠가 보고 싶다며 울었다. 셋째 날은 가고 싶지 않다고 해서 집에 있었다. 넷째 날은 한 번 더 가보고 정 싫으면 가지 말자고 설득해서 보냈다. 오후에 데리러 갔을 때 해맑게 웃으며 너무 재밌었다고 말했다. 가기 싫다고 해도 막상 가면 재밌게 놀다 오니 보내야 할지, 보내지 말아야 할지 고민됐다. 그렇게 둘째 주 주말이 되었다.

일요일 오후, 유치원 선생님이 코로나19 바이러스 확진을 받았다는 연락이 왔다. 선우, 윤우도 검사를 했다. 다음 날 아침, 음성이 나왔다는 연락을 보건소로부터 받았다. 하지만 밀접 접촉자로 분류되어 2주 동안 자가격리 해야 했다. 윤우가 유치원에 막 적응해갈 때라 아쉬웠지만 선생님 마음은 얼마나 힘들까 싶었다. 선생님으로부터 매일 문자가 왔다. 미안함이 가득 담긴 내용이었다. 집으로 놀이꾸러미도 오고, 간식 꾸러미도 배달됐다. 그때 집에서 무얼 하며 보냈는지 기록해 달라는 놀이 기록지였다. 출석 자료로 쓰인다고 원격수업 자료 참고 안을 이용해 써달라고 되어 있었다. 처음 써 보는 거라 어떻게 적어야 할지 몰랐다. 뭐하며 놀았더라, 핸드폰 앨범을 열어 사진을 찾아가며 적었다. 원격수업 자료는 학교 홈페이지에 들어가도 안 보였다. '잘못 적었으면 새 종이를 다시 넣어주시겠지?' 생각하며 포스트잇에 메모를 남겼다.

[선생님- 안녕하세요. 놀이 활동지를 적었는데 이렇게 쓰는 게 맞는지 모르겠습니다. 아니라면 새 종이 한 장 더 넣어주시면 감사하겠습니다. 원격수업 자료 참고 안은 어디서 볼 수 있을까요?^^]

다음 날, 남편이 아이들을 데리러 갔을 때 선우 반 선생님에게 전화가 왔다.

"선우 어머님~ 놀이 활동지 잘 받았습니다. 집에 아기도 있는데 언제 이렇게 꼼꼼하게 기록해놓으셨어요~ 너무 잘 적어주셨네요! 100점 만점에 100점입니다!"

100점 만점에 100점! 선생님에게 받는 칭찬은 어른이 되어도 달콤하다. 잠시 뒤 윤우 반 선생님에게 장문의 문자가 왔다. 놀이 활동지 이야기와 윤우가 잘 적응하고 있다는 내용이었다.

뭔가 쓰는 난(欄)이 있으면 작은 거라도 꼼꼼히 적는 습관이 있다. 초등학교 3학년 때, 같은 아파트에 사는 친구 네 명이 모여서 글쓰기 수업을 받았다. 칭찬 스티커를 붙여주는 나무 그림이 있었다. 나무가 꽉 차면 선생님이 뒷면에 손 편지를 쓰고 코팅해서 선물과 함께 주셨다. 선물은 무엇인지 기억나지 않는데 선생님의 손 편지와 코팅된 칭찬 스티커 나무는 또렷하게 기억한다. 노력의 흔적이 담긴 빼곡한 칭찬 스티커와 선생님의 마음이 담긴 손 편지가 선물보다 더 좋았다. 오래 수업을 듣지는 않았지만, 이때 한 저녁 글쓰기 수업이 글 쓰는 재미를 이어가게 해준 징검다리가 되었다.

초등학교 6학년 때, 담임 선생님이 급히 찾는다고 해서 교무실로 갔다. 당일 있던 방과 후 교내 백일장에 반 친구 대신 나가게 되었다. 주제는 가을이었다. 가을 농번기가 되면 온 가족이 할아버지 논에 일하러 갔었다. 큰아빠네 가족, 고모네 가족까지 다 모여서 일했다. 어른들은 일하고 아이들은 논두렁에서 뛰어놀았다. 그 때의 기억을 살려서 시를 썼다. 며칠 후 월요일 아침, 운동장 전교 시간에 내 이름이 불렸다. 무려 장원이었다.

"그렇게 열심히 안 해도 돼."

"대충 해."

"그런 것도 해?"

별것 아니라고 넘기는 일을 즐겁고 성실히 했을 때, 좋은 일이 일어났다. 시험 문제에 나온 서술형이 모르는 문제여도 뭐라도 적어서 냈다. 작은 점수라도 받을 때도 있었지만 틀린 답이어서 점수를 못 받을 때가 더 많았다. 틀렸다고 생각하고 쓰더라도 모른다고 비워 놓는 게 싫었다.

틈틈이 찍어둔 아이들 사진이 없었더라면 놀이 기록지 빈칸을 채우기가 더 어려웠을 것이다. 대충 쓸 수도 있었다. 하지만 아이 이야기를 적는 거라 그럴 수가 없었다. 2주 동안 집에서 이렇게 시간을 보냈었구나 되짚어 보기도 하고, 오랜만에 학교 과제 하는 학생 기분도 느꼈다.

예상치 못한 선생님의 칭찬으로 내 작은 습관이 '글쓰기'임을 알았다. 글쓰기와 관련 없는 간호학과에 가서도 교지편집부에 들고, 결혼하고 아이를 키우면서도 계속 글을 쓰고 있다. 아이들 모습을 찍고 기록하는 게 즐겁다. 남들에겐 사소해 보이거나 별것 아닌 것처럼 여겨지는 나만의 습관이 글쓰기의 재미를 놓지 않게 해주었다. 그리고 이 작은 습관이 작가가 되고 글 쓰는 삶을 살아가게 한 큰 변화를 가져왔다.

남들에겐 사소해 보이거나
별것 아닌 것처럼 여겨지는 나만의 습관이
글쓰기의 재미를 놓지 않게 해주었다
그리고 이 작은 습관이 작가가 되고
글 쓰는 삶을 살아가게 한 큰 변화를 가져왔다

나를 드러내는 글쓰기

블로그에 '모두 공개'로 글을 쓰고 있다. 나를 드러내는 글쓰기는 내 글도, 내 삶도 더 나아지게 만들었다.

[글쓰는 엘리님! 이달의 블로그 선정을 축하합니다]

셋째를 낳고 조리원에 있던 날이었다. 2월 1일. 날짜도 정확하게 기억난다. 메일함을 열어봤다가 나도 모르게 소리를 질렀다.

"뭐? 이달의 블로그?! 진짜? 내 블로그가?!"

파워블로그가 되고 싶었던 적이 있었다. 내 글이 영향력 있다는 것을 증명해주는 것 같아서다. 블로그를 10년 넘게 해오는 동안 파워블로그는 선망의 대상이었다. 지금은 그 자리를 매달 분야별로 선정하는 이달의 블로그가 메꾸고 있다. 선정 기준이 무엇인지는 모르지만, 꾸준히 블로그를 해왔더니 받는 상 같았다. 평소 좋아하던 일상·생각 분야에 선정되어 더 기뻤다.

주위에는 블로그를 하는 사람이 없다. 가까운 이 중에 내 블로그를 방문하는 사람은 엄마뿐이다. 이 기쁨을 함께 나누고 싶은데 나눌 사람이 없었다. '이달의 블로그 선정'은 12년 블로그 인생사에 의미 있는 발자국이었다. 남편과 남동생에게 자랑했더니 '그게 뭔데? 좋은 거야?' 하는 반응이다. 괜찮다. 나만 알아주면 된다. 블로그에 선정 소식을 남기며 자축했다. 그러자 축하한다는 댓글이 주르륵 달렸다. 블로그를 하는 사람들에게 축하 인사를 받자 그제야 실감이 났다. 수능 치고 만든 블로그를 지금까지 꾸준히 해왔을 뿐인데 이런 선물 같은 날도 찾아왔다.

3월에 블로그 무료 특강을 들을 기회가 있었다. 블로그는 온라인에서의 내 집이다. 잘 가꿔 나가고 싶은 공간이다. 블로그를 통해 자신을 홍보하기도 하고, 하는 일과 연결해 사업을 확장하기도 한다. 블로그로 돈을 버는 수익화 강의도 많다. 이왕 하는 거 돈도 벌 수 있으면 좋겠다 싶어서 수익화 강의도 들어봤지만, 아직 모르겠다. 수익보다는 일상을 기록하는 공간, 매일 쓰면서 글 연습하는 공간에 더 무게를 두고 있다.

강의를 듣는 중에 '네이버 인플루언서' 이야기가 나왔다. 예전 파워블로그 느낌인데 내 글을 홍보하는 데 좋다고 한다. 그 말에 솔깃했다. 많은 사람에게 내 글이 읽히면 좋겠다는 생각에 신청했다. 결과는 심사를 거쳐 7일 안에 나온다고 했다. 일주일이 지나도 연락이 없었다. 안된 건가 생각하고 있을 즈음 메일이 왔다.

[인플루언서 검색에 함께하게 되신 것을 진심으로 환영합니다]

와! 됐다! '육아 전문블로거'라는 타이틀을 달고 새로 시작하는 기분이다.

네이버 인플루언서가 되면 글이 상위에 노출되는 효과가 있다. 왜 이렇게 내 글이 많은 사람에게 읽히길 바라는 걸까? 글 쓰는 사람으로 살기로 했기 때문이다. 혼자만 쓰고 읽는 글은 한계가 있다. 부끄러워도 많은 사람 앞에 공개되는 글을 쓸 때 글쓰기 실력도 조금씩 향상된다. 일기장에 쓰는 글은 보는 사람이 없으니 띄어쓰기, 문장의 연결, 내용에 있어 자유롭다. 공개되는 글은 다르다. 내가 말하고자 하는 의미를 잘 담고 있는지, 문장은 이해 가기 쉽게 썼는지, 띄어쓰기나 맞춤법이 틀린 곳은 없는지 생각하며 쓴다. 글이 달라질 수밖에 없다. 아이를 키우며 육아 이야기를 계속 써왔을 뿐이다. 이렇게 쌓인 게시글이 나를 '육아 전문 블로거'로 만들어주었다.

네이버 인플루언서가 되고 며칠 뒤, 브런치에 재도전해 보기로 했다. 브런치는 3년 전, 동생이 이런 글쓰기 플랫폼도 있더라 말해주면서 알게 되었다. 아무나 글을 올릴 수 있는 게 아니라 심사를 거쳐 승인이 난 사람만 글을 쓸 수 있다는 게 독특했다. 한 번에 될 거라는 생각은 없었지만 두 번째도 떨어지고 나니 그 벽이 높게만 느껴졌다. 잊고 있던 브런치를 떠올린 것은 책을 통해서였다. 글쓰기 관련 책을 읽다 보니 브런치 이야기가 자주 나왔다. 출판사가 주목하는 글쓰기 플랫폼이라 출간 기회도 많고 무엇보다 글쓰기 실력이 는다는 말이 많았다. 최근 일어나는 좋은 일들의 기운을 믿고 다시 도전해봤다.

[진심으로 축하드립니다. 소중한 글 기대하겠습니다.]

3일 만에 연락이 왔다. 셋째가 복덩이인가 보다. 은서가 태어난 이후로 좋은 일이 연이어 일어났다. 이달의 블로그부터 시작해서 네이버 인플루언서도 되고 브런치 작가까지 통과되었다. 하지만 통과되었다는 기쁨도 잠시, 브런치에 첫 글을 올리는 데까지 12일이 걸렸다. '세상에, 글 잘 쓰는 사람들 여기 다 모여 있네!' 브런치 작가들의 글을 읽으면서 살짝 기가 죽었다.

글 잘 쓰는 사람은 많다. 하지만 저마다 할 수 있는 이야기는 다 다르다. 그러니 글도 다를 수밖에 없다. 처음에는 다듬고 또 다듬어서 올렸다. 어떻게든 시작이 중요하다. 매일 한 편씩 세 개째 올리고 나니 힘을 조금 빼게 된다. 너무 크게 의미 부여하지 말라는 동생의 조언도 한몫했다. '힘을 빼고 덤덤하게 쓰자. 남과 비교하지 말자. 내가 쓸 수 있는 글을 쓰자.' 되뇌었다.

처음부터 공개적인 글쓰기에 적극적이었던 건 아니다. 《내 하루도 에세이가 될까요?》를 읽던 중 내가 쓴 글을 공유하는 것에 관한 이야기가 나왔다.

"보여주는 글을 쓴다는 것은 '더 나은 글을 쓰기 위해 무게를 견디는 일'일 뿐. '내게 상처 주려고 덤비는 사람을 견디는 일'이 아니다. 그러니 겁먹지 않아도 된다."라고 했다. 저자는 브런치라는 플랫폼에 글을 쓰면서 책도 출간하게 되었다. 적극적으로 글을 공유할 것을 권했다. 보여주는 글을 쓰다 보면 상처받는 악성 댓글을 마주할 때가 있다. '더 나은 글을 쓰기 위해 무게를 견디는 일'이라 표현한 이 말이 글을 쓸 때 힘이 된다.

악성 댓글로 인해 상처받은 일은 없지만, 내가 써놓고 누군가 알아보면 괜히 부끄러워지곤 했다. 블로그에 글을 올려도 나를 모르는 누군가가 읽는 건 괜찮았다. 왜인지 나를 아는 가까운 이가 읽는 건 쑥스러웠다. 어느 날, 엄마에게 이야기하지 않은 일을 엄마가 알고 있었다. 어떻게 알았냐고 물으니 블로그에서 봤다고, 동생이 알려줬다고 했다. 처음에는 엄마에게 비밀 일기장을 내보이는 것 같았다. 나를 가장 잘 아는 엄마에게 진솔할 수 있으면 타인에겐 더 떳떳할 수 있기에 평소처럼 내 일상을 쓰기로 했다. 어느새 엄마는 읽는 글마다 '좋아요'를 눌러주는 내 글의 찐팬이 되어 있었다. 엄마가 보고 있다고 생각하면 글 속에 담기는 나의 일상을 더 잘 살고 싶어진다.

작가는 나를 드러내 보이는 사람이다. 내 삶이 당당하지 않으면 내가 쓰는 글도 당당하지 않고 거짓이 된다. 꾸준히 일상을 기록 해왔더니 '이달의 블로거'라는 기분 좋은 일도 생겼다. 글과 함께 쌓아온 시간이 나를 '육아 전문 블로거'라는 그 분야의 전문가로 만들어주었다. 나를 드러내는 글을 계속 쓰면서 내 삶도 더 나아 져 갔다.

작가는 나를 드러내 보이는 사람이다
내 삶이 당당하지 않으면 내가 쓰는 글도
당당하지 않고 거짓이 된다
꾸준히 일상을 기록해왔더니
'이달의 블로거'라는 기분 좋은 일도 생겼다

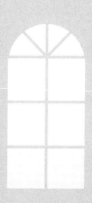

제 5 장

내향인이여
고개를 들자

내가 조금이라도 잘하는 일을 찾아요

조금이라도 내가 잘하는 일을 찾으면 그게 나의 강점이 될 수 있다. 저마다 하나씩은 잘하는 일, 자신 있는 일이 있다. 하나도 없지는 않다. 아직 발견하지 못했을 뿐이다. '나는 잘하는 게 하나도 없어.' 생각할 때와 '나는 이거 하나만큼은 자신 있어.' 생각할 때는 다르다. 잘하는 것 하나 없다고 여겼을 때, 괜스레 주눅 들어 있었다.

학창 시절, 매년 취미와 특기, 장래 희망을 적어냈다. 새 학기 기본 조사였다. 취미는 독서라고 금방 적었다. 특기를 적을 때는 한참을 머뭇거렸다. 좋아하는 일은 뭔지 알겠는데 내가 잘하는 일은 무엇일까?

청소하기라고 적을까 진지하게 생각했다. '에이~ 아무리 그래도 청소하기는 아니다. 그래도 정리 정돈, 청소 하나는 잘하는데……' 고민 끝에 적어내는 건 똑같았다. 글쓰기라고 적으면서

거짓말이라도 하는 것처럼 약간의 죄책감이 들었다. '글을 잘 쓰지는 않지만 좋아는 하니까, 잘 쓴다는 말도 간혹가다 들으니까, 글쓰기라고 적어도 괜찮겠지?' 옆자리 친구가 보기라도 할 땐 얼굴이 붉어졌다. 다른 친구들은 피아노 치기, 수영, 줄넘기, 요리하기 등 척척 적어냈다. '나는 왜 자신 있게 적을 만한 특기가 없을까?' 이 생각이 스스로 깎아내리는 일이라는 걸 몰랐다. 매년 적다 보니 어느 순간 당연하다는 듯 특기에 글쓰기라고 적었다. 형식상 적어내는 것이고 적은 것을 검증하지도 않는다. 그리고 검증할 방법도 없었다.

내가 잘하는 일은 글쓰기라고 세뇌가 된 것일까. 크게 생각지 않고 적었던 특기가 언제부턴가 나의 '진짜 특기'가 되어 있었다. 잘한다 생각하니 좋아하게 됐다. 좋아하다 보니 계속 쓰게 됐다. 계속 쓰다 보니 글 쓰는 게 점점 나아졌다.

글쓰기의 세계는 알면 알수록 새롭고 배울 게 많다. 수업 때 배운 것을 블로그에 글 쓸 때 적용했다. 아이들과 보내는 일상 이야기가 대부분이지만 설명하려 하지 않고 보여주듯 쓰려고 했다.

남편이 없던 토요일 하루를 사진과 함께 블로그에 올린 날이었다. 베란다에서 안방 창문으로 넘어오려는 윤우, 아이 셋과 함께 찍은 사진, 자기 운동화는 자기가 빨겠다고 나선 아들들, 나가 놀라고 놀이터로 내쫓은 후 베란다로 지켜본 이야기를 적었다. 댓글이 달렸다.

[마음이 포근해지는 글이에요. 베란다 너머로 아이들이 노는 장면이 왠지 저에게도 보이는 것 같아요.]

이 한 줄의 댓글은 내게 큰 칭찬이었다. 읽는 사람이 그 장면이 그려질 수 있도록 쓰려고 한 게 가닿았다. 글 쓰는 것도 연습하니 조금씩 늘었다.

댓글로 글쓰기에 관해 물어보는 사람도 있었다. 책까지 낼 정도면 글쓰기에 내공이 있을 것 같다, 따로 시간 내서 글쓰기 공부하는가, 블로그 글을 읽다 보니 고개를 끄덕이게 되고 공감하게 되는데 어떻게 글을 잘 쓰게 되었는가를 궁금해했다.

글쓰기 내공이랄 것까지 없다고, 나도 매일 쓰면서 쌓아가는 중이라고 했다. 내가 듣는 글쓰기 수업에 대해 안내해주기도 하고 블로그 수익화를 원하면 이분들을 찾아보라고 관련 강의 하는 사람들을 알려주었다. 다시 댓글이 달렸다.

[수익형으로는 욕심이 없고 엘리님처럼 일상에서 울림을 주는 글을 쓰고 파서요~ 많이 써 보는 게 답이겠네요. 아이들과 함께 성장을 이루어가는 엘리님 진심으로 응원합니다. 답글만으로 힘이 되었어

요.]

일상에서 울림을 주는 글은 내가 지향하는 글쓰기였다. 에세이를 좋아하는 이유 중의 하나가 평범한 일상이 특별해지는 경험을 할 수 있어서다. 좋아하는 에세이 작가들을 보면 글에 마법이라도 부려 놓은 것 같다. 밥 먹고, 공부하고, 직장 생활하고, 친구를 만나는 일상에서도 감사와 행복을 발견할 수 있었다. 시련과 아픔을 이겨낸 이야기도 큰 울림을 주지만, 일상을 재발견하는 글의 울림도 크다. 내가 책에서 힘을 받았듯이 나도 도움을 줄 수 있는 글을 쓰고 싶다. 글을 쓰고 책을 쓰는 이유다.

학창 시절, 특기에 글쓰기라고 적으면서 글을 쓰며 살 거라곤 상상하지 못했다. 남들이 아니라고 해도 상관없다. 내가 생각하기에 조금이라도 잘하는 일을 찾고 계속하다 보면 잘하게 되는 날이 온다. 좋아하다 보면 계속한다. 계속하다 보면 실력도 는다. 오늘 쓰는 내 글은 어제 쓴 내 글보다 조금씩 나아지고 있다. 매일 쓰기에 가능한 일이다. 의례적으로 적어내던 학창 시절 취미와 특기. 그때 내가 무엇을 좋아하고 잘하는 사람인지 고민했던 시간이 생각지도 못한 길로 나를 이끌어주었다. 지금 작가로 살아가고 있는 것처럼 말이다.

학창 시절, 특기에 글쓰기라고 적으면서

글을 쓰며 살 거라곤 상상하지 못했다

남들이 아니라고 해도 상관없다

내가 생각하기에 조금이라도 잘하는 일을 찾고

계속하다 보면 잘하게 되는 날이 온다

콧노래가 나오는 순간

자신감을 갖고 싶었다. 자신감 있는 사람을 보면 부러웠다. 수줍음이 많고 소극적인 내 성격이 외향인에 비해 답답하고 못나 보였다. 자신을 못났다고 여기니 더 자신감이 없어졌다. 사춘기였던 중학교 2학년 때 가장 심했다.

외향적인 성격으로 바꿔보려고 노력한 적도 있다. 잘되지 않았다. 성격이 쉽게 바뀔 리가 없었다. 애써 활발한 척 목소리를 키우고 기분 좋은 척도 해봤다. 며칠까지 갈 것도 없이 하루 만에 그만두었다. 내가 아닌 나를 연기하는 가면은, 무겁고 답답했다.

있는 듯 없는 듯 조용한 학교생활을 이어 나갔다. 열다섯이던 어느 저녁이었다. 자기 전, 침대에 엎드려 책을 보고 있었다. 시선을 확 끌어당기는 제목이 나왔다. '기분이 안 좋을 때는 어떻게 하면 될까?' 자주 기분이 오르락내리락하던 때여서 솔깃해지는 대목이었다. 자세를 고쳐 바로 앉았다. 대단한 비밀이라도 숨어 있는 듯 집중해서 읽었다. 아주 작은 거라도 내 기분을 좋게 하는 무언가를 하라고 했다. 초콜릿처럼 달콤한 걸 먹거나 커피를 마시거나 맛있는 음식을 먹어보라고 했다. 간단하고 당연한 말이었지만, 당시 내게는 큰 깨달음이었다. 혼자만 알고 있기 아까워 책 내용을 정리해 친구에게 문자를 보냈다.

단순함 속에 답이 있었다. 기분이 안 좋아질 때면 그때 읽은 책 내용을 자주 떠올린다. 쉽게 내 기분을 끌어 올릴 수 있는 일을 찾는다. 아이를 키우면서 스트레스는 어떻게 푸냐고 질문을 많이 받았다. 아이가 어렸기에 자주 친구들을 만날 수도 없고 좋아하는 영화를 영화관 가서 볼 수도 없었다. 결국 가까이에서 찾아야만 했다. 커피 마시기, 책 읽기, 영화나 휴먼다큐멘터리 보기. 집에서도 가능한 일들이었다.

내 기억 속 최초의 커피는 초등학교 2학년 때다. 집에 손님이 오면 엄마가 타오던 커피가 그렇게 먹어보고 싶었다. 어린아이에게도 커피 향은 달콤했다. 어른들이 마시는 거라고 안 된다는 걸 "한 입만~ 한 입만~" 하며 졸랐다. 커피는 어른의 상징이었다. 커피를 많이 마시는 내게 엄마가 농담으로 말한다.

"몸속에 피도 커피색 아냐?"

정말 그럴지도 모른다는 엉뚱한 생각을 한다. 어쩌다 내가 이렇게 커피를 좋아하게 됐을까? 여고생 시절로 거슬러 올라간다. 커피를 본격적으로 마시고 좋아하게 된 것은 고등학생 때이다. 졸음을 쫓아낸다는 명목하에 마신 커피지만, 친구와 커피를 마신다는 것 자체가 좋았다.

"커피 마실래?" 하고 묻는 말을 좋아한다. 커피는 내 기분을 충전시켜주는 보조배터리가 되었다. 고등학교 2학년은 진로 고민을 가장 많이 하고, 하고 싶은 일을 구체적으로 그려 나가던 때다. 야간자율학습을 하다가 공부가 잘 안되거나 가슴이 답답하면 친구와 교실을 몰래 빠져나왔다. 급식소 앞 자판기로 갔다. 200원짜리 커피를 한 잔씩 뽑아 마시며 꿈과 미래에 관해 얘기했다. 팔을 간지럽히는 쌀쌀한 밤공기, 감독 선생님에게 걸릴까 조마조마한 마음, 서로의 꿈을 이야기하며 설레던 마음. 그리고 따뜻하고 달달했던 커피 한 잔. 그때 마셨던 자판기 커피가 가장 맛있었다.

커피 믹스, 편의점 커피, 카페 커피, 자판기 커피, 커피 우유 등 커피와 관련된 것들은 다 좋아하는 어른이 되었다. 커피를 좋아한다는 것이 민망할 정도로 커피 맛에 대해 잘 모른다. 그런데도 커피가 좋은 것은 맛 때문만이 아니다. 커피를 한 잔 마실 때 생기는 여유가 좋고 함께 마시는 사람이 좋을 때면 더 맛있게 느껴진다.

전업주부인 지금은 아이들이 잘 때 후다닥 집 정리해놓고 마시는 커피가 제일 맛있다. 집에서 마시는 커피 믹스라도 급하게 후루룩 마시지 않으려고 한다. 커피가 주는 행복을 최대한 느끼기 위해서다.

내게 커피란 여러 가지 모습의 따뜻한 시간이다. 엄마 옆에서 조금씩 받아먹던 어린 시절, 서로의 꿈을 나누며 이야기하던 학창 시절, 좋아하는 사람과 마주 보고 마시는 연애 시절, 아이를 키우는 엄마의 사소한 행복. 커피는 나에게 하나의 풍경이 되었다.

성격, 인간관계, 시험, 취업, 직장생활, 결혼, 육아 등 살아오며 마주하게 되는 고민의 순간이 많다. 혼자서는 아무리 고민해도 답이 나오지 않으니 책에서 조언을 구한다. 책 속에는 내가 고민하는 문제를 먼저 경험한 사람이 무수히 많았다. 고민 해결을 위해 읽기도 하지만, 재밌으니까 보는 이유가 제일 크다. 내가 재미를 느끼면 기분이 좋아진다. 기분이 좋아지면서 행복을 느낀다. 행복하면 행복해하는 나를 더 좋아하게 되는 효과가 있다. 책은 나를 기분 좋게 하는 일이다. 책이 널려 있는 서점에 가는 것도 마찬가지다. 새로 나온 책도 볼 수 있고 지금 인기 있는 책은 어떤 것인지 파악할 수도 있다. 분야별로 모여 있는 매대를 돌아다니며 책 구경하는 시간이 좋다. 서점에 갈 수 없을 땐, 온라인 서점으로 간다. 둘러보다가 관심 가는 책은 장바구니에 넣어둔다. 당장 구매하지 않아도 담아 두는 것만으로도 기분이 좋아진다.

커피를 마셔도 책을 봐도 기분이 나아지지 않을 때가 있다. 그럴 때 영화를 본다. 결혼 전에는 영화관에 심심찮게 갔었다. CGV VIP였다. 첫아이를 낳고, 영화관에서 보는 영화에 완전히 미련을 버리지 못했다. 양가 부모님께 아이를 맡기고 한 번씩 영화관 나들이를 갔다. 마음이 편하진 않았지만, 영화관에서 영화를 본다는 것만으로도 들떴다. 얼마 안 가 아이가 낯을 가리기 시작하면서 영화관 나들이는 포기했다. 집에서 컴퓨터 화면으로 보는 영화가 아쉬웠다. 재미가 반감된다고 여기니 더욱 영화관이 그리웠다. 하지만 갈 수 없는 상황을 인정하고 받아들였다. 오히려 마음이 편해졌다.

아이들이 모처럼 일찍 자준 날, 시간이 생겨 같이 영화나 볼까 할 때가 있다. 신혼 때는 남편과 함께 보려고 일부러 기다린 적도 많았다. 좋아하는 장르가 다르니 이제는 혼자 보는 게 익숙하다. 더 몰입감 있게 본다. 조용하게, 보고 싶은 영화 볼 때가 최고다.

영화 대신 인간극장을 찾아보기도 한다. 우리 옆집에 살 것 같은 이웃의 이야기가 재밌다. 신혼 초에 특히 많이 봤다. 궁금했던 결혼 생활, 육아, 노년의 삶이 인간극장 속에 다 담겨 있었다. '모두 비슷한 고민을 안고 살아가는구나, 나만 힘든 게 아니구나.' 하며 다시 일상을 살아갈 힘을 내었다.

자신감과 기분 좋게 하는 일이 어떤 연관이 있을까? 기분이 좋을 때면 내가 더 좋아졌다. 나를 좋아하는 마음이 나를 미워하는 마음을 덮어가기 시작했다. '나는 소중한 사람이다. 나는 내가 좋다. 나는 이 자체로 충분하다.' 생각하게 됐다. 내가 가지고 있지 않은 부분을 남과 비교하며 깎아내리는 행동을 멈췄다. 대신 내가 가진 좋은 점이 무엇인지 찾고, 그것을 기특하게 여길 줄 알게 되었다. 말하기보다는 글쓰기가 자신 있다. 사람들 앞에 서서 말하고 이끄는 건 잘하지 못하지만, 구성원으로서 협력하여 따라가는 것은 잘한다.

자신감 없고 소극적인 내가 싫을 때, 내 기분을 좋게 만드는 아주 작은 일부터 해 본다. 일상에서 기분 좋아지는 일을 반복해서 하다 보면 나를 아끼고 사랑하는 마음도 더 커진다. 자신감도 함께 생긴다.

더 나은 내가 된 기분을 느껴요

누군가에게 도움이 되었을 때 더 나은 내가 된 기분을 느낀다. 도움 주는 경험이 쌓이다 보면 긍정적으로 자신을 바라보게 된다. '나는 괜찮은 사람이야.'라고 생각할수록 나를 좋아하는 마음도 커졌다.

첫째, 둘째 모두 아토피로 고생했다. 선우는 밤마다 울다가 잠들었다. 겨우 재워 놓으면 가려움에 다시 깨고 울기를 반복했다. 신생아였던 윤우와 18개월밖에 안 된 선우를 안고 매일 울며 밤을 지새웠다. 지푸라기라도 잡는 심정으로 인터넷 속을 찾아 헤맸다. 그러다 발견한 자연요법이 다행히 아이들과 잘 맞았다. 가려움을 유발하는 음식 제한하기, 음식 재료 유기농으로 모두 바꾸기, 외식 금지, 정해진 용량에 따라 면역제품 먹기, 파우더 가루로 매일 목욕하기, 스킨로션 수시로 발라주기, 면 옷과 면 매트 깔아서 피부 자극 최소화하기, 아이가 타는 차 안도 깨끗하게 유지하기, 미세 먼지 심한 날엔 외출 자제하기……

스테로이드 연고를 끊으니 처음에는 더 심해졌다. 얼굴을 비롯해 온몸이 붉은 반점으로 뒤덮였다. 잘하고 있는 건가? 여기서 나아지지 않으면 어떡하지? 더 심해지는 건 아니겠지? 나의 잘못된 선택과 판단으로 아이가 고생하게 될까 봐 무섭고 두려웠다. 그래도 이 방법으로 나아진 수많은 사례를 보며 마음을 다잡았다. 어떻게든 낫게 해주겠다고 독하게 다짐했다.

큰 고비를 넘기자 눈에 띄게 좋아졌다. 극적인 변화였다. 아토피로 고생하는 사람들이 하나둘 묻기 시작했다. 내가 한 방법을 얘기해주었다. 어떻게 그렇게까지 하냐며, 똑같이 할 수 있을지 모르겠다고 했다. 아이들이 아토피로 힘들어할 때, 내 몸과 마음도 쉽게 지쳤다. 다른 사람은 그 아픔을 짧게 느끼고 지나갔으면 했다. 아토피에 대한 걱정과 나아지는 방법을 물어 오면 온 마음을 다해 들었다. 그리고 내 경험을 이야기했다. 고맙다는 말을 많이 들었다. 먼저 경험해 봤기에 다른 사람에게 도움도 줄 수 있었다. 별것 아닌 것 같지만 고맙다는 말 한마디가 크다.

답답할 때마다 책에서 위로받았다. 심리적 압박감이 심할 때 책 속으로 도망쳤다. 수능을 준비하던 고3 때와 간호사 국가고시를 준비하던 대학 졸업반일 때 책 도움을 많이 받았다. 수능과 국시를 준비할 때 모두 반강제적인 야간자율학습을 했었다. 시험에 대한 부담감도 큰데 종일 책상 앞에 앉아서 공부하려니 한숨이 나왔다. 노래를 들어도 그때뿐이었다. 다시 집중력이 흐트러지고 어깨가 처졌다.

열아홉 살 때 이지성 작가의 《꿈꾸는 다락방》을 처음 읽었다. 꿈에 관한 이야기를 읽으니 가슴이 뛰었다. '맞아! 나는 지금 간호사라는 꿈을 향해 가고 있는 거지!' 《꿈꾸는 다락방》을 읽고 있는 모습을 본 반 친구가 이지성 작가의 다른 책인 《여자라면 힐러리처럼》을 빌려주었다. 부제가 '꿈을 품은 모든 여자가 세상의 중심에 우뚝 서는 법'이다. 힐러리 클린턴이 주도적으로 자기 인생을 이끌어 나가고, 자신이 원하는 인생을 적극적으로 쟁취하는 모습이 멋있었다. 그동안 나는 소극적인 자세로 인생을 살아오고 있었다. '이럴 때가 아니지! 나도 내 꿈을 향해서 움직여야 해!' 자기계발서가 주는 동기부여와 힘이 있었다. 그렇게 책에서 받는 자극을 동력 삼아 공부했다.

수능보다 부담감이 더 심했던 간호사 국가고시를 준비하면서 또한 번 책 속으로 도망쳤다. 10분 쉬는 시간과 점심시간에 학교 도서관으로 갔다. 발길이 닿은 곳은 에세이 코너였다. 저자의 경험과 일상이 담긴 이야기가 잔잔한 울림을 줬다.

책을 덮을 땐 도망친 게 아니라 책 속 인물의 세상으로 여행을 다녀온 기분이었다. 문제집 넘기는 소리만 들리는 교실을 둘러봤다. 간호사라는 공통된 목표 지점을 향해 달려가는 친구들 모습이 보였다. 다시 돌아온 내 일상에서 힘을 냈다. 감사한 마음으로 내 삶을 소중히 여기게 되었다. 시험이 다가올수록 불안하고 예민하게 날 서 있던 마음이 책을 읽으면서 누그러졌다. 공부하다가 답답하면 언제든 책상 서랍에서 책 한 권을 꺼내 읽었다.

첫아이를 낳고 초보 엄마 딱지를 채 떼기도 전에 둘째를 낳았다. 연년생인 두 아들을 어쩔 줄 몰라 동동거렸다. 그때도 책에 기댔다. 아이를 어떻게 키워야 할지 책을 통해 방향을 잡아 나갔다. 나만의 육아 기준이 세워지니 안정감이 생겼다. 모르는 건 책에서 찾아보고 배울 수 있으니 얼마나 다행인가. 책이 없었더라면 여전히 혼돈의 상태에서 빠져나오지 못했을 테다. 책은 내게 구원의 밧줄이었다.

내가 힘들 때 도움받았던 것처럼, 나와 같은 어려움을 겪고 있는 이들에게 도움을 주고 싶었다. 그 방법이 글이다. 아들 둘만 있는 것은 안쓰러울 일이 아니라는 것을, 충분히 재미있음을 전하고 싶어 《연년생 아들 육아》를 썼다. 책이 나오고, 독자 서평을 읽으면서 오히려 내가 더 큰 힘을 받았다. 나의 경험과 글이 도움 될 수 있다는 사실이 계속 글을 쓰게 만드는 원동력이다.

선우는 학교에서 돌아오면 그날 있었던 일을 이야기한다.

"엄마. 오늘 선생님이 나, 청소 잘한다고 스티커 줬어~ 근데 다른 아이들은 정리를 안 해서 선생님이 화가 났어. 선우야 이거 좀 도와줄래? 해서 같이 했는데 선생님이 고맙다고 했어."

청소 잘해서 칭찬받았다는 이야기를 선생님 성대모사까지 하며 실감 나게 말한다. 아이에게 고맙다는 말을 자주 한다. 갖다 달라는 물건을 가져다줬을 때 고마워, 같이 청소해서 고마워, 쓰레기 버려줘서 고마워, 엘리베이터 문 잡아줘서 고마워. 선우가 청소하면 기분 좋다고 하는 이유는 깨끗해지는 과정이 즐거워서 일 수도 있다. 한편으론 자신이 청소함으로써 누군가 기뻐하고 도움이 되는 경험을 즐거워하는 건지도 모른다. 청소 같은 작은 일이라도 좋다. 앞서 경험해 본 내 이야기를 들려주는 것도 좋다. 누군가 내 도움이 필요할 때 기꺼이 내민 손을 잡는다. 그리고 고맙다는 인사를 받으면 내가 더 나은 사람이 된 기분이 든다.

청소 같은 작은 일이라도 좋다

앞서 경험해 본 내 이야기를 들려주는 것도 좋다

누군가 내 도움이 필요할 때 기꺼이 내민 손을 잡는다

그리고 고맙다는 인사를 받으면

내가 더 나은 사람이 된 기분이 든다

있는 그대로 받아들이기

"누나는 자신한테 너무 엄격해."

엄마가 되면서부터 좋은 사람에 대한 강박이 심해졌다. 아이는 부모를 보며 자란다고 하지 않는가. 아이들에게 좋은 엄마, 좋은 어른에 대한 본보기가 되고 싶었다. 첫째가 두 살 때 육아서를 시작으로 책에 다시 한번 빠져들었다. TV와 스마트폰을 멀리하게 됐다. 화면이 아닌 아이 눈을 마주하고, 아이 말에 귀 기울이기 위함이었다. 책 읽을 시간을 확보하려면 TV와 스마트폰을 제일 먼저 멀리해야만 했다.

1996년에 방영한 KBS2 주말연속극 〈첫사랑〉이 드라마에 대한 첫 기억이다. 영화에 대한 첫 기억은 아빠와 동생과 봤던 〈취권〉이다. 어렸을 때부터 TV 보는 걸 좋아했다. 청소년기를 만화, 드라마와 함께했다. 대학생이 되면서 자취 생활을 하고 공부하느라 잠깐 멀어지긴 했지만, TV는 여전히 내 친구였다.

뭘 해도 재미가 없고 무기력해질 때가 있다. 책도 눈에 들어오지 않는다. 그땐 지나간 드라마를 정주행한다. 볼 땐 재밌는데 보고 난 직후 허무함이 밀려온다. 아이들이 잠든 밤, 중간에 끊지 못하고 밤을 새운 적도 많다. 잠이 부족하니 예민해졌다. 그 예민함이 아이들에게 짜증과 화로 갈 때면 내가 그렇게 미울 수가 없다. 재밌게 보면서도 드라마를 보고 있는 나를 비난했다. 한심해했다. 드라마와 함께 커온 나인데 그 즐거움을 쉽게 버릴 수가 없었다. 이런 나를 보며 동생은 자신에게 엄격한 잣대를 갖다 댄다고, 그럴 필요 없다고, 인풋 쌓는다 생각하라고 했다. 그 말을 들으니 마음이 한결 편해졌다.

드라마는 책으로 치자면 소설이다. 흥미로운 이야기에 끌릴 수밖에 없다. '드라마를 좋아하는 나'를 인정하고 받아들이기로 했다. 보고 싶은 게 있으면 그날 할 일을 다 끝냈을 때 나에게 주는 보상으로 바꿨다. 오늘 분량의 글을 다 썼거나 집안일을 마무리했거나 아이들이 모두 잘 때 본다. 더 이상 죄책감 느끼지 않는다. 나를 기분 좋게 하는 일 중 하나일 뿐이다.

중학교 2학년 때, 처음으로 핸드폰이 생겼다. 친구와 문자 하고 전화도 할 수 있는 신세계였다. 물건에 대한 애착이 크다. 연필, 지우개 같은 작은 물건도 잘 챙긴다. 핸드폰은 항상 들고 다니며 쓰는 물건이라 다른 물건에 비해 더 애착이 갔다. 디자인이나 색상에 관심 없는 사람도 많다. 하지만 나는 꼭 원하는 디자인과 색상이어야 했다. 그래야 애정을 가지고 오래 썼다. 어른이 되어서도 마찬가지였다.

2011년, 대학생 때 처음 스마트폰으로 바꿨다. 예쁜 디자인에 보자마자 마음을 빼앗긴 핸드폰이 있었다. 주위에서 스마트폰 기능도 제대로 못 하고 예쁜 게 다라고 말렸다. 결국 다른 제품을 샀다. 시간이 지나서 그때 못 써 본 핸드폰을 기어코 쓰고야 만다. 나온 지 6년 된 거라도 그게 내 마음에 든다면 나중에라도 쓰게 됐다.

스마트폰을 쓰지 않을 때도 관련 기사나 리뷰를 관심 있게 챙겨 봤다. 내가 쓰지 않더라도, 살 일이 없더라도 '이 제품은 이런 기능이 있구나!' 보는 재미가 있었다.

"그게 뭐라고, 그냥 써~ 요새 스마트폰 안 쓰는 사람이 어딨어."
마음은 스마트폰과 멀어지길 바랐지만, 관심은 뚝 떼어놓지 못했다. '아아, 나는 왜 이럴까. 스마트폰 대신에 책과 아이 눈을 바라보기로 했잖아. 사지도 않을 거 리뷰는 왜 보고 있는 거야.' 나는 핸드폰에 관심이 많은 사람이었다.

내가 관심 있는 요소를 스마트폰이라는 이유만으로 배제하려고 했다. 그건 나를 배제하는 것과 같았다. 스마트폰의 영향에서 벗어나고 싶은 것과 별개로 관심 있는 것을 분리하고 받아들이기로 했다. TV와 스마트폰은 양날의 검처럼 긍정적인 면과 부정적인 면이 공존한다. 부정적인 면은 최소화하고 긍정적인 면을 최대한 가져오려고 한다. 지금은 마음에 쏙 드는 핸드폰을 쓰고 있다.

셋째를 낳기 10일 전, 생일날 아침에 택배가 왔다. 남편이 생일 선물이자 셋째 임신 축하 선물이라고 했다. 작은 박스를 열어 보고는 소리를 질렀다. 지금 이 상황은 갖고 싶어서 몇 달을 영상으로만 보던 바로 그 첫 장면이었다.

갖고 싶은 거 없냐고 물을 때마다 없다고 했다. 그러면서도 혼자 심각한 내적 갈등을 벌이고 있었다. 이번에 새로 나온 핸드폰이 내가 딱 원하는 디자인과 크기였다. 문제는 최신 스마트폰이라는 것이다. 가뜩이나 스마트폰과 멀어지려고 애쓰는 중인데 최신 스마트폰이라니, 안 될 말이었다. 차라리 나온 지 몇 년 된 핸드폰이었으면 좋았을 텐데. 유튜브에서 개봉기 영상을 찾아보며 갖고 싶은 욕구를 누르고 있었다. 이런 내 모습을 남편도 모를 리 없었다. 24개월 할부로 사면 되지 할 때도 무슨 24개월 할부냐면서, 필요 없다고, 그냥 보는 것뿐이라고 했었다. 이렇게 깜짝 선물로 받을 줄은 몰랐다. 돈이 어딨어서 이걸 샀냐고, 정말 24개월 할부 끊은 거 아니냐고 했더니 아니라고만 한다. 이거 사줄 돈은 있다며 더 묻지 말라고 했다. 그래서 더 묻지 않았다. 한참 지나서야 6개월 할부로 샀다는 걸 알았다.

내가 원하는 걸 쓸 때의 만족감이란 이런 거구나, 쓸 때마다 기분이 좋아졌다. 우연인지도 모르지만, 생일을 기점으로 셋째 순산, 이달의 블로그, 네이버 인플루언서, 브런치 통과까지 좋은 일이 연이어 일어났다. 2년이 지난 지금도 그때 받은 핸드폰으로 아이들 사진을 찍고 일상을 기록하고 있다.

있는 그대로의 나를 받아들인다는 것은 나를 긍정하냐, 부정하냐는 이야기와 같았다. 내가 바라는 자아상과 내 모습이 다를지라도 나를 인정하고 받아들이면 좋은 방향으로 나아가게 된다. 반대로 내가 바라는 모습과 다르다 해서 부정한다면 나를 사랑할 수 없다. 드라마와 스마트폰 문제에서 방황하며 느낀 점이다. 사랑의 시작은 '나'부터다. 나를 인정하고 소중히 여기는 마음이 나를 당당하게 만든다.

내가 바라는 자아상과 내 모습이 다를지라도

나를 인정하고 받아들이면

좋은 방향으로 나아가게 된다

인생 친구 한 명이면 충분해요

"You're lucky if you can get even one really good best friend in your life."
(인생에 진정한 친구 한 명만 있어도 성공한 거야.)

영화 〈키싱 부스〉를 보다가 이런 대사가 나왔다. 여자 주인공과 단짝인 남자 친구가 있다. 한날한시에 태어나 같은 동네에서 자라면서 둘도 없는 친구로 지내왔다. 그런 친구와 다툰 날, 남자 친구의 엄마가 여자 주인공에게 해준 말이다. 공감 가는 대사라 기억에 남는다.

학창 시절부터 친구가 많지 않았지만 한 번 사귀면 깊게 사귀었다. 속마음을 편하게 털어놓을 수 있는 친구가 한 명이라도 있으면 큰 복이라 생각한다.

결혼하고 아이를 낳아 기르다 보니 인간관계가 정리됐다. 아이들과 하루가 어떻게 가는지도 모르고 지냈다. 누군가와 약속을 잡고 만나는 게 부담스러워졌다. 남편에게 아이를 맡기고 만날 수도 있었다. 하지만 관계를 유지하기 위한 만남까지 지속할 체력이 남아 있지 않았다. 내가 고갈되는 것 같은 만남은 자연스레 멀리하게 됐다. 사람을 만나는 일은 마음을 내어주는 일이다. 지금까지 연락하고 지내는 친구들을 보면 기꺼이 내 마음을 내어주고 싶은 사람들이었다.

"아아, 만나서 얘기해야 하는데! 언제 만나지? 이 정도면 우리 랜선친구 아냐?"
랜선친구는 온라인에서 맺은 친구를 뜻하는 신조어다. 못 만난 지 1년이 넘었다. 매번 전화로만 이야기하니 랜선친구라 해도 이상하지 않았다. 또 전화하겠다는 친구의 말로 통화가 종료됐다. 화면에 59분이 찍혔다. 서울에서 직장 다니고 있는 친구와 통화를 하게 되면 얘기가 길어진다. 미혼인 친구는 직장생활, 소개팅, 연애에 관한 이야기를 하고, 나는 결혼 생활과 아이들 이야기를 했다. 대화의 공통분모가 없음에도 친구 이야기에 귀 기울이게 된다. 연애 경험 한 번, 직장생활 1년 6개월이 다라서 친구를 통해 연애와 사회생활을 간접경험 한다. 1년에 한 번 보기도 힘들고 한 달에 한 번 통화해도 어제 만난 것처럼 편하다. 본가에 내려올 때면 우리 집에 꼭 들렀다 가려고 한다. 번거로울 텐데도 매번 시외

버스를 타고 찾아 와 준다.

친구와의 인연이 시작된 게 12년 전이다. 그중 3년을 한 방에서 자취하며 보냈다. 같이 보낸 시간보다 떨어져 지낸 시간이 훨씬 긴데도 인연을 이어가고 있다. 친구는 삼 남매 중 막내다. 첫째인 내가 볼 때, 말투와 행동이 〈아기 돼지 삼 형제〉 중 막내 돼지처럼 귀여웠다. 애칭으로 돼지, 돼지 부르던 게 지금도 서로 대지(돼지)라고 부른다. 통화할 때 아이들이 듣고는 돼지 이모라 부르게 됐다.

"애들 유치원 입학 선물로 뭐 하나 보냈어."

며칠 뒤 택배가 왔다. 우비와 장화가 한 벌씩 들어 있었다. 아토피가 있는 아이들을 생각해 피부와 닿는 안감을 면으로 골랐다고 했다. 그리고 스파이더맨, 아이언맨 슬링 백도 있었다.

선우가 세 살 때, 친구가 아쿠아리움에 놀러 갔다가 펭귄 가방을 사 왔다. 선우보다 윤우가 더 좋아했다. 애착 인형처럼 잘 때도 안고 자고 빨지도 못 하게 할 정도였다. 까미라는 이름을 붙여줬기에 펭귄 가방 사준 친구를 까미 이모라 불렀다.

친구와 통화하다가 캐릭터 이야기가 나왔다. 이제는 좀 컸다고 캐릭터 있는 운동화와 가방을 좋아했다. 지역 중고 거래 앱인 당근마켓에서 스파이더맨 슬링 백을 봤다. 선우 주면 좋아하겠다 싶어서 샀다. 선우만 주기 미안해서 괜히 윤우에겐 까미 가방 있으니까 형 거만 샀다고 했다. 그게 부러웠던지 자기도 형처럼 아이언맨 가방이 있으면 좋겠다, 생일 때 사주면 안 되냐고 말했다. 이제 귀여운 펭귄 인형은 졸업할 때가 되었나 보다. 까미 이모인 친구에게 이 이야기를 했다.

"저런! 짠한 것! 지도 얼마나 갖고 싶을 거야~"

그러면서 선우 가방까지 하나 더 보낸 것이다.

"괜히 얘기했다. 이러려고 말한 게 아닌데……."

"아니~ 네 것도 아니고 애들 선물인데 뭐. 이모 마음이야."

비가 오는 날이면 장화를 신겨 보낸다. 아이들을 데리러 가는 길에 장화를 사준 친구가 생각났다. 전화를 걸었다. 혹시 근무 중일까 봐 통화음 세 번 만에 끊었다. 곧바로 전화가 왔다. 한결같이 반가운 목소리가 들려왔다. 애들은 잘 크냐, 별일 없냐는 나의 안부부터 물어본다. 특별히 할 말이 있는 것도 아닌데 '그냥 전화 걸어 보고 싶은 친구' 1순위에 있다.

남편이 건강검진 받는다고 공가를 쓰고, 코로나19 백신 접종한다고 연가를 썼다. 이틀 붙여 쉬게 되었다. 아이들이 유치원에 가고 없던 낮이었다. 아이들 방에서 두 시간 자고 일어난 남편이 방을 바꿔 안방 침대로 간다. 또 잘 거냐고 물었다.

"아~함. 연가 좀 즐겨보자~"

"…… 그러다 영 가는 수가 있어요."

"…… 푸하하하! 라임 최곤데!"

아무 말이나 던지다 이렇게 얻어걸리는 날이 있다. 남편만 보면 장난이 치고 싶다. 그래서 한마디 하면 대답하기 전에 어떻게 장난을 걸어 볼까 입술을 움찔거리게 된다.

"저 저! 장난기 그득한 눈 봐! 어떻게든 놀려 보려고!"

내 눈빛을 정확히 읽은 남편이 말한다. 아재 개그를 좋아한다. 살짝 비틀어 말장난하는 게 재밌다. 나는 웃긴데 상대방은 웃지 않으면 무안하다. 그래서 하지 않는 말장난을 남편에겐 편하게 한다. 웃어도 웃기고, 웃지 않아도 웃긴 사람이 남편이다.

거울을 보다가 출산 후 빠지지 않는 살과 빠지는 머리카락을 보면서 혼잣말했다.

"못난이가 되어 가는 거 같아……."

"아닌데?! 지금도 너무 이쁜데!"

"치, 아니거든요."

아니라면서 입은 왜 웃고 있는 건지 모르겠다.

오후 5시, 남편이 아이들과 강변에서 운동하다 오겠다고 한다. 큰 소리로 웃고 떠들던 아이들에게 정신이 없던 차였다. 어서 나갔으면 싶으면서도 어질러진 집을 보니 한숨이 나왔다. 나가기 전에 집 치우자고 했더니 조금 치우다 잊어버린 듯 놀고 있다. 다 치우기 전까지 못 간다고 했더니 또 조금 치우다 만다. 씻고 있던 남편이 한마디 한다.

"누가 엄마 말 안 듣지? 안 치우면 아빠는 안 데리고 간다!"

이 한마디에 일사불란하게 움직이는 두 아들. 아빠의 말발이 엄마보다 세다. 나를 보며 덧붙인다.

"난 네 편이야!"

남편은 남의 편이라 하던데 틀림없는 내 편이다.

학창 시절엔 친구 많은 사람이 부러웠다. 성인이 되고서야 알았다. 친구가 얼마나 많은가보다 더 중요한 것은 내 마음을 터놓을 수 있는 단 한 명의 친구라도 있는가였다. 멀리 떨어져 살아도, 언제 전화해도 마음 편한 친구들이 있다. 더욱이 인생 친구와 함께 살고 있다. 나는 참 행복한 사람이다.

집순이가 뭐 어때서?

"집에만 있으면 안 심심해?"

종종 받는 질문이다. 내향인은 에너지를 얻는 방법이 다르다. 외향인이 외부로부터 에너지를 얻는다면 내향인은 내부로부터 에너지를 얻는다. 사람 만나고 바깥 활동을 하는 게 마이너스가 되기도 한다. 어느 것이 좋다기보다 둘의 성향이 다를 뿐이다.

MBTI 성격 검사를 하면 늘 같은 유형이 나온다. ISFJ 용감한 수호자 형이다. 성격 검사 풀이에 의하면 수호자 형은 의료 부분이나 학문, 혹은 사회단체와 같이 오랜 역사나 전통과 관련된 분야에 종사한다고 한다. 도움을 줄 수 있는 사람이 되고 싶어 간호사가 되었다. 간호사라는 꿈을 처음 품었을 때, 이타주의자 성향인 점도 큰 영향을 미쳤음을 뒤늦게 알았다. 수호자 형에 대한 해석을 읽다 보면 내 성격을 써놓은 듯 닮은 곳이 많다.

〈조용하고 내성적인 반면 관계술에 뛰어나 인간관계를 잘 만들어갑니다. 안정적인 삶을 지향하지만, 이들이 이해받고 존경받는다고 생각되는 한에서는 변화를 잘 수용합니다.〉

몇 사람과의 깊은 관계를 유지하긴 하지만 두루두루 잘 지낸다. 적응도 잘하기 때문에 직장생활도 잘할 자신이 있었다. 변화보다 안정을 추구하지만, 필요하다면 변화도 잘 받아들인다. 이 점 덕분에 인천에 새로 오픈하는 대학병원에 갈 결심을 하게 됐다. 처음에는 힘들겠지만, 적응하지 못할 거라고는 생각하지 않았다. 집에서 5시간 걸리는 인천을 선택한 것도 스스로 변화의 필요성을 느꼈기 때문이다.

일은 시간이 지날수록 익숙해져 갔다. 선배들이 첫 병원은 왜 큰 곳에서 시작하는 게 좋다고 하는지 느낄 수 있었다. 철저한 업무 분담을 통해 환자 돌봄에 집중할 수 있고, 1:1로 배울 수 있는 프리셉터가 있어 정석대로 업무를 익힐 수 있었다. 그리고 다양한 사례를 통한 공부를 할 수 있다. 자주 혼났지만, 혼나면서 많이 배웠다.

직장 동료와의 관계도 좋았다. 오픈 병원의 처음을 함께 한다는 공통점에 다 같이 으쌰으쌰 하는 분위기였다. 초과 근무가 잦아도 힘든 것보다 일에서 오는 보람이 더 컸다. 문제는 혼자 있을 때의 시간을 견딜 수가 없었다는 점이다. 가족과 친구들이 그리웠다. 점점 여긴 내가 있을 곳이 아니라는 생각이 들었다. 집순이여도 마음 붙일 곳이 있을 때와 없을 때는 달랐다. 그때 내 생활은 온통 병원 위주로 돌아갔다. 근무하고 집에 와서 자고, 다시 근무하고 자는 게 다였다. 몸이 지치니 쉬는 날 약속을 잡는다는 생각은 아예 하지 못했다. 아무리 직장 동료가 좋아도 오랜 시간 만나 온 친구와는 달랐다. 퇴사를 생각하는 내게 동료가 조금만 더 버텨보자 했지만, 고향으로 돌아갈 결심을 굳혔다. 멋지게 홀로서기를 해보리라 결심하고 떠났지만 6개월 만에 내려왔다.

예전에는 내키지 않아도 약속을 잡았다. 약속을 했기 때문에 어쩔 수 없이 나갔다. 시간에 맞춰 나가려고 챙길 때부터 힘이 빠진다. 괜히 약속했다는 후회가 밀려온다. 방전된 채 집으로 돌아오는 길에 문자가 왔다. 오늘 만남이 즐거웠다고, 덕분에 스트레스가 많이 풀렸다고 한다. 그 문자에 내 마음은 더 무거워졌다. 남좋자고 나는 돌보지 못한 것 같아 자신에게 미안했다.

반대로 에너지를 잔뜩 받고 돌아오는 만남도 있다. 가기 전부터 기대감으로 두근거린다. 오랜만에 동기들과의 모임이 있었다. 거기다 1박 2일이었다. 남편이 오면 바로 나가려고 30분 전부터 신발장 앞에서 대기 중이었다. 기다리면서 단톡방에 글을 남겼다.

[얘들아, 어떡해…….]

[왜? 무슨 일이야?]

[너무 떨려…….]

[왜? 무슨 일인데?!]

[부산 가니 너무 좋아서…….]

[어머니…….]

[저기요. 슨생님…….]

종일 마음이 붕 떠 있었다. 퇴근하는 남편이 들어오자마자 잘 갔다 오겠다고 말하며 쏜살같이 나갔다. 이런 만남은 헤어질 때 아쉬움을 남긴다. 기분 좋은 에너지를 잔뜩 안고 돌아와 그 힘으로 다시 살아간다.

2020년은 '코로나19 바이러스' 이 한마디로 대신할 수 있을 것이다. 어느새 마스크 쓰기와 식당에서의 거리두기는 일상이 되어버렸다. 처음 우리나라에 코로나19가 퍼지기 시작할 무렵, 경험해 보지 못한 공포가 찾아왔다. 전염력이 강해 나가기만 하면 걸릴지도 모른다는 불안감에 휩싸였다. 정부에서도 마스크 쓰기, 손 씻기, 환기하기 같은 위생관리와 함께 사회적 거리두기를 강조했다. 꼭 필요한 일이 아닌 이상 외출을 자제해 달라고 했다. 장 보러 잠깐 나간 거리에 깜짝 놀랐다. 사람은 물론이고 차도 드문드문 다녔다. 유령도시가 된 모습이 재난영화 못지않았다. 지금 우리는 어떤 세상에서 살아가고 있는 것인가.

아무리 집순이라고는 하지만 자의(自意)에 의한 집순이와 타의에 의한 집순이는 달랐다. 아이들과 마스크 없이 산책하고 놀이터 가서 놀던 시간이 그리워졌다. 외부 활동을 최대한 줄이고 집에서의 생활을 이어 나갔다. 시간이 지날수록 이 생활도 적응되었다. 조금만 다르게 생각해보면 여느 내 일상과 다를 게 없었다. 밖에 나갈 때 제약이 있다는 것뿐이었다. 어린이집에 가지 않던 아들 둘과 평소와 다름없는 일상을 보냈다. 밥 먹고, 간식 먹고, 만들기 하고, 색칠하고, DVD 보고, 책 보는 일상. 아이들도 우리 부부도 아주 갑갑할 때는 늦은 밤, 드라이브를 갔다. 사람 없는 곳을 찾아 잠깐씩 바람을 쐬고 돌아왔다.

약속을 잡지 않는 게 서로에 대한 배려가 되었다. 원치 않는 만남을 거절해야 한다는 스트레스가 줄었다. 혼자서도 잘 노는 내향인이 코로나19 바이러스 세상 속에 적응하는 것은 간단했다. 평소의 삶을 살아가면 됐다.

상대방의 사정으로 약속이 펑크 나도 기분 나쁘지 않았다. 오히려 좋을 때가 많다. 예상치 못한 자유 시간에 '집에 가서 뭐 하지?' 씩 웃게 된다. 중요하게 할 일이 없어도 그저 집이라는 편안한 공간에서 자유롭게 있을 생각만 해도 좋았다.

약속이 펑크 났는데 기뻐하다니, 약속을 잡아 놓고 취소하고 싶어 하다니. 학생일 땐 이런 내가 이상했다. 인간관계에 너무 소극적인 거 아닌가? 이대로도 괜찮나? 사회 부적응자 되는 거 아냐? 내성적인 성격과 사회성은 같지 않았다. 내성적인 나여도 충분히 사람들과 잘 어울렸다. 에너지를 바깥이 아닌 안으로, 함께 보다는 혼자 채우는 사람이란 사실을 알게 됐을 때 마음이 가벼워졌다. 나를 누르고 있던 돌덩이 하나가 빠진 기분이었다. 나는 이상한 사람이 아니라 원래 이런 사람이구나! 생각보다 나 같은 내향인이 많구나! 나를 인정하고 받아들이니 집순이인 내가 더 좋아졌다.

집순이에게 집은 먹고 자는 단순한 공간이 아니다. 온전한 내가 되는 공간이다. 다시 사회 속에서 잘 살아나가기 위한 나를 재충전하는 곳이다.

나를 누르고 있던 돌덩이 하나가 빠진 기분이었다

나는 이상한 사람이 아니라 원래 이런 사람이구나!

생각보다 나 같은 내향인이 많구나!

나를 인정하고 받아들이니 집순이인 내가 더 좋아졌다

이 책을 조금 일찍 알았더라면

힘들고 답답한 순간, 책을 찾는다.

해결되지 않는 문제를 안고 혼자 끙끙댈 때, 책을 읽으니 좋았다. 책이 내 마음을 알기라도 하는 듯 말을 걸어왔다. '이것 때문에 답답한 거지? 괜찮아.' 말해주는 것 같았다. 마음이 답답하고 일이 잘 풀리지 않을 때, 책을 읽어보라 권한다. 책 속에 내가 찾는 해답은 없을지라도 마음은 한결 나아졌다.

학창 시절, 그때 이 책을 읽었더라면 하는 책이 있다. 남인숙 작가의 《사실 내성적인 사람입니다》라는 책이다. 내성적인 나의 관심을 확 끄는 제목인데다 책 표지에 실린 '오늘도 사회성 버튼을 누르는 당신에게'라는 글귀도 눈에 들어왔다. 사실은 내성적인 사람이 밖에서는 사회성 버튼을 누르고 집에서는 본연의 내 모습으로 살아가는 이야기, 함께일 때보다 혼자가 좋은 사람의 이야기다. 어쩜, 내 마음을 이렇게도 잘 알까 싶은 공감 에세이다. 나는 차마 말로 표현해내지 못한 감정을 글로 풀어낸 책을 만나면 희열을 느낀다. 가슴이 뻥 뚫린다.

성공하는 사람들은 대부분 외향인 일 거로 생각했다. 사람들 앞에 나서야 하고 주도적으로 일을 이끌어야 하니 사업가, 정치인, 배우 모두 외향적인 사람 아닐까? 하지만 이름만 들어도 아는 유명인 중에도 내성적인 성격을 가진 사람이 많았다. 뉴턴, 아인슈타인, 간디, 워런 버핏, 스티븐 스필버그, 빌 게이츠, JK 롤링이 대표적인 내향인이다. 남인숙 작가는 예전에 책을 쓰기 위해 성공한 사람을 찾아다니며 인터뷰한 적이 있었다. 그때 많은 이들이 내향인이었는데 공통점이 있었다고 한다.

그들의 공통점은 최종 목적지만 바라보며 최대 속도를 내는 식으로 살지 않는다는 것이었다.

'목적지를 정해놨으니 가다 보면 도착하겠지.' 그저 이런 마음으로 눈앞에 놓인 길을 조금씩이라도 부지런히 가는 모습이었다.

사실 진짜 내향인은 일 벌이는 걸 좋아하지 않는다. 새로운 일이 한꺼번에 생기는 건 생각만 해도 가슴이 답답해지기 때문이다. 하지만 작업하다가 부수적으로 벌어지는 일들은 또 어찌어찌 해결해나간다. 이런 과정을 포기하지 않고 반복하다 보면 원하는 곳에 도착해 있는 자신을 발견하곤 하는 것이다.

–《사실 내성적인 사람입니다》(남인숙, 21세기북스, 2019)

새로운 일 벌이는 건 싫어하지만 하나 시작하는 일은 꾸준히 하는 편이다. '가는 방향만 맞는다면 속도는 느리더라도 상관없다.'라고 느낀 순간이 있다. 원고를 투고하고 출판사로부터 거절 메일만 잔뜩 받을 때였다. '내 글이 별로인가, 열심히 쓴 글인데 많이 부족한가, 아직 책 낼 때가 아닌 건가?' 부정적인 생각으로 힘이 쭉 빠지던 날이 이어졌다. 그때 동생이 해준 말이 힘이 되었다.

"누나는 내가 보기엔 대기만성형이야. 애 키우면서 글 쓰는 거 쉽지 않다. 방향만 잘 잡으면 그 길로 계속 가면 돼. 너무 조급해 말고 기다려봐. 잘하고 있다."

《사실 내성적인 사람입니다》가 글로써 내향인의 마음을 표현했다면 만화로 내 마음을 콕 짚어 그린 한 권의 책이 있다. 데비 텅의《소란스러운 세상 속 혼자를 위한 책》이다. 부제는 '혼자가 좋은 나를 사랑하는 법'이다. 이 카툰 에세이는 눈에 보일 때마다 펼쳐서 읽어본다. 마치 나의 분신이 책 속에서 살아가고 있는 것 같다. 생각, 행동까지 놀랍도록 비슷하다. 평생을 내향인으로 살아온 저자 데비 텅의 대학원 졸업, 결혼, 취직, 직업을 찾아 나가는 여정이 담겨 있다. 일상을 바라보는 시선에 저절로 마음이 따뜻해진다. 내가 나를 이해하는 시간이기도 하다. 특히 저자와 타인의 모습이 대비되는 그림이 재밌다. 공감을 극대화한다. 예를 들면 이렇다. 다른 사람들에게 파티는 말 그대로 파티다. 여러 사람과 어울려 논다. 나의 파티는 침대에서 책 한 권을 가지고 흥미롭게 읽는 거다.

아이들이 세 살, 네 살이던 여름밤이었다. 남편은 북상하는 태풍으로 소방서에 비상 소집이 걸렸다. 남편도 없고 아이들도 잠든 저녁, 비바람에 창문을 꼭꼭 닫아걸었더니 밖의 요란한 소리가 일순간 차단됐다. 낮에 도착한 소설책 두 권을 펼쳤다. 시간 가는 줄 모르고 읽었다. 한 권을 다 읽고 두 번째를 연이어 펼쳤다. 숨겨진 사실을 파헤쳐 가는 과정이 궁금하고 무서워 소름이 돋았다. 잠이 부족하면 아이를 돌보는 데 지장이 있다. '자야 하는데⋯⋯ 이제 그만 덮자.' 하고 덮어도 다음 이야기가 궁금해 잠이 오질 않았다. 다시 펼쳐서 읽다 보니 어느새 날이 밝아 왔다. 커튼을 열고 밖을 내다보니 지난밤의 태풍은 소강상태였다. 소설에 빠져 있다가 현실로 돌아오니 모든 게 잠잠해져 있다. 남편도 곧 집으로 온다는 문자가 와 있었다. 한여름 밤의 꿈 같은 시간이었다. 가족이 잠들고 혼자 깨어 있는 밤, 두꺼운 스릴러 소설, 커피와 과자. 이 시간이 나만의 파티다.

내향적인 사람의 생존 도구도 고개를 끄덕이게 한다. 좋은 책, 인터넷이 연결된 노트북, 넉넉한 치수의 편안한 옷, 자연, 글을 쓰고 그림을 그릴 필기구, 혼자만의 시간.

외출 후 집에 오면 제일 먼저 화장을 지우고 씻는다. 그런 뒤 편한 옷으로 갈아입고 침대로 들어간다. 아이가 생긴 후 달라진 것은 '옷을 갈아입고 침대로 들어간다.' 사이에 많은 일이 들어간다는 것이다. 데비 텅은 내향인에 관한 책 말고도 책 덕후에 대한 책도 썼다. 《딱 하나만 선택하라면, 책》이다. 책을 좋아하는 사람의 마음을 만화로 재밌게 담았다. 책을 펼쳐볼 짬이 나지 않아도 외출할 때 책을 챙기는 마음, 이를 좋은 친구가 곁에서 나를 지켜주는 것 같다고 말했다. 내가 느끼는 감정을 활자로 마주하게 될 때면 가슴이 벅차다. 보물을 캔 듯 주워 담고 싶다.

1년에 출간되는 책은 몇 권이나 될까? 『2022 한국출판연감』은 한국의 정확한 생산통계를 제공하는 국내 유일의 출판통계보고서다. 이에 따르면 2021년 신간 발행 종수는 64,657종, 발행 부수는 총 79,948,185부이다. 한 해 새로 나오는 책이 6만 권을 넘다니! 이 많은 책 중에서 내 고민과 마음을 읽어 줄 책 한 권 없을까? 아니다. 찾으려 하지 않아서 그렇지 어딘가에서 읽어주길 기다리고 있을 것이다. 그때 만났으면 좋았을 걸, 조금만 더 일찍 알았으면 좋았을 걸 하는 책들이 있다. 이제라도 알게 된 것이 어딘가. 내 마음 알아주는 책 한 권 읽는 것이 나를 사랑하는 하나의 방법이 되기도 한다. 오늘도 나를 기다리고 있는 책을 향해 손을 뻗는다.

나를 사랑하는 일

아침 6시, 셋째가 칭얼거리는 소리에 잠이 깼다. 우유 한 통 먹고 나니 다시 잔다. 시간은 7시를 향해 가고 다시 자기엔 애매한 시간이었다. 새로 올라온 블로그 글을 읽다가 한 포스팅에서 멈췄다. 6개월간의 성장과 변화를 담은 글이었다. 삼 남매 육아, 먹거리, 재정관리 모두 닮고 싶은 이웃이었다. 거기다 운동까지 병행해 근사한 바디 프로필까지 찍은 내용이 실려 있었다. '와아, 올해 초 계획한 일을 다 이뤘구나! 부럽다…… 근데 난 뭐 했지?' 갑자기 반성의 시간이 된 아침이었다.

아이들이 하나둘씩 일어났다. 남편도 출근 준비하러 욕실에 들어갔다. 간단하게 아침을 준비했다. 너무 간단한가 미안할 정도의 간편식을 제공한 후 각자 길을 떠났다. 남편은 출근길, 나는 아이들 등원 길. 집으로 돌아와 아침 먹고 그대로인 식탁을 치웠다. 가라앉은 기분과 상관없이 몸은 계속 바삐 움직였다. 설거지하면서 생각했다. '노력해서 이룬 성과가 멋져. 부러운 게 당연해.

그런데 거기까지야. 부럽다고 왜 내 기분까지 다운되냐고. 나는 그런 노력을 하지 않았잖아.' 그러던 와중 '일기 쓰면서 내 기분이 왜 이런지 알아봐야지.' 생각했다. 글을 써봐야겠다고 생각하는 것만으로도 마음이 편안해졌다. 조금 전 복잡했던 마음과 정반대였다. 글쓰기! 내겐 글쓰기가 있었다. 기분이 좋든 안 좋든 글을 쓴다는 건 내 마음을 알아주는 일이었다. 내가 왜 이런 기분이 드는지, 왜 이런 생각을 하는지 쓰다 보면 알게 된다. 두서없이 한 페이지를 가득 쓰자 이렇게 결론이 났다.

⟨아침에 블로그 보고 부러워서 널뛰던 마음이 생각할수록 가라앉았다. 복잡하게 꼬인 마음은 이렇게 글로써 풀어내면 된다. 내가 가진 것에 감사하며 살자. 욕심부리지 말고 늘 감사하고 겸손하자. 책 읽고 글 쓰면서 내 자존감도 함께 키우자. 너는 멋져.⟩

너는 멋져로 끝난 일기. 글쓰기는 나를 다독이는 일이다. 타인에게 향해 있는 시선을 내게 돌리는 일이다. 마음의 평온을 되찾고 다시 내 일상을 살아가게 만든다. '부러우면 운동하면 되지! 자기계발하면 되지! 그 사람이 노력해서 이룬 성과에 대해선 진심으로 축하해주자!' 내 마음을 있는 그대로 인정하고 받아들이는 내가 좋다.

거실에 앉아 노트북 화면을 보고 있었다. 손이 키보드 위에서 멈칫거린다. 첫 줄을 써야 하는데 시작을 못 하고 있다. '그냥 아무 말이나 쓰라구!' 생각과 다르게 손은 움직이지 않았다. 베란다 쪽으로 고개를 돌렸다. 바깥이 훤히 보였다.

처음 이 집에 왔을 때 샷시, 화장실, 부엌 리모델링을 하지 못하고 들어왔었다. 사는 내내 깨끗하게 리모델링하고 싶은 마음이 간절했다. 1989년도 지어졌을 때 샷시 그대로였다. 검은색 틀에 아랫부분은 안 보이게 가려져 있었다. 문은 열 때마다 끽끽거렸다. 쳐다만 봐도 가슴이 턱 막혔다. 남편의 파견 근무로 6개월간 떠나 있을 때 리모델링을 했다. 하얀 통유리로 샷시를 바꾸니 집이 환해졌다. 베란다로 자꾸 눈길이 갔다. 보이는 거라곤 주차된 차, 아파트 단지를 오가는 사람들 뿐인데도 밖을 보고 있는 게 좋았다.

노트북에서 시선을 떼고 밖을 쳐다봤다. 경비 아저씨가 분리수거장에서 정리하는 모습, 화단 앞에서 청소 아주머니와 할머니가 이야기 나누는 모습, 고양이를 안고 나오는 아저씨, 정장 차림으로 지나가는 아가씨의 모습이 보였다. 각자의 위치에서 성실히 하루를 보내는 사람들. 빈 화면과 씨름하고 있는 내 모습과 다르지 않았다. 나도 내 하루를 성실하게 살아가고 있다는 생각에 굳어 있던 얼굴이 조금씩 풀어졌다. 선우, 윤우를 유치원에 보내놓고 은서는 잠든 낮, 어김없이 노트북 앞에 앉는다. 글을 쓴다. 술술 써지는 날은 손에 꼽는다. 그런데도 키보드 위에 손을 올리고 글을 쓴다. 전업주부이면서 글을 쓰는 내가 좋다.

남편이 건강검진을 받으러 갔다. 매년 직장에서 하는 건강검진이다. 내년에는 나도 같이 받자고 한다. 남편이 오길 기다리면서 갑자기 이런 생각이 들었다. 당장 내일 죽는다고 했을 때 가장 후회되는 게 뭘까? 제일 먼저 아이들 생각이 났다. 아이들 곁에 엄마로 오래 있어 주지 못한 것, 부모님께 받기만 한 것, 남 눈치 보느라 많이 억누르며 산 것이 연이어 떠올랐다. 사랑하는 사람을 남겨 두고 먼저 떠나는 게 가장 마음에 걸렸다. 막연히 생각만 해서는 잘 모르겠더니 이것도 적어보고야 알았다.

돈이나 좋은 집, 좋은 차 같은 물질적인 것은 전혀 생각나지 않았다. '임종을 앞둔 사람들이 후회하는 일 중 돈은 없다더니, 이건 진짜구나!' 깨닫는 순간이었다. 현재를 살아가면서 늘 '돈이 조금 더 넉넉했으면…… 좋은 아파트에 살아 봤으면…… 좋은 차 한 번 타봤으면…….' 했다. 죽음을 앞뒀다고 생각하니 사랑하는 사람들만 떠올랐다. 이들이 내가 살아가는 이유였다. 이 사실을 머리가 아닌 마음으로 깨달은 내가 좋다.

결국, 글쓰기는 나를 사랑하는 일이었다. 글을 쓸 때는 남의 눈치를 보지 않아도 된다. 내성적이었던 내가, 스스로 못났다고 여겼던 내가 변할 수 있었던 가장 큰 이유다. 글을 쓰면서 나를 알아갔다. 쓰다 보니 나도 괜찮은 사람이지 않을까 생각하게 됐다.

평생을 내성적인 사람으로 살아왔다. 나는 왜 이럴까 미워하고 변해야 한다고 압박하며 살았다. 나는 이 자체로 소중하고 가치 있는 존재다. 진부하지만 사실이었다.

내향적이든 외향적이든 성격은 큰 문제가 되지 않는다. '나는 나를 소중히 여기고 사랑하는가?'가 더 중요했다. 나에 대해 생각하는 시간은 내가 어떤 사람인지 알아가는 과정이었다. 안에서부터 사랑이 차오르면 세상을 바라보는 시선과 마음도 따뜻하게 변한다. 내가 가진 것을 소중히 여기고 감사하게 된다. 그 마음은 나를 사랑하는 데서 시작했다.

아무것도 하기 싫고 다 부질없다고 여겨질 때가 있다. 그럴 땐 '지금 이런 상태구나.' 생각하며 한동안 내버려 둔다. 나에 대해서 잘 아는 만큼 금세 회복하고 일상으로 돌아올 자신을 믿는다. 글을 통해 매일 나와 대화하는 시간을 가졌더니 어느새 지금 모습 그대로 나를 사랑하는 사람이 되어 있었다.

내향적이든 외향적이든 성격은 큰 문제가 되지 않았다
'나는 나를 소중히 여기고 사랑하는가?'가 더 중요했다
나를 되돌아보고 생각하는 시간을 계속 갖다 보니
'나는 이런 사람이구나!' 알 수 있었다

방금 쓴 글을 읽어보는데 계속 같은 줄만 보고 있다. 눈꺼풀이 무겁다. '은서가 자는 이 황금 같은 시간을 놓치면 안 되는데……' 생각하다가 눈이 감겼다. 딱 한 편만 보고 자려고 했는데 다음 이야기가 궁금해 연달아 세 편을 봐버렸다.

TV가 없는 우리 집은 드라마, 영화를 모두 컴퓨터로 본다. 구독할까 말까 고민하다 넷플릭스 회원이 된 지 1년이 넘었다. 보고 싶었던 옛 드라마와 영화는 물론 현재 방영 중인 것까지 매주 업데이트되니, 볼 게 넘친다. 드라마를 볼 때 지키는 나만의 선이 있다. 첫째, 아이들이 자거나 없을 때 본다. 둘째, 오늘 할 일을 다 끝냈거나 쉬는 시간 틈틈이 본다. 셋째, 다음 날 지장을 줄 만큼 몰아보지 않는다. 하지만 한 번씩 오늘처럼 못 지킬 때가 있다.

선우, 윤우가 어렸을 때도 새벽 내내 드라마를 본 적이 있다. 한 편만 더, 이것만 마저 보고 하다가 날이 밝아왔다. 읽고 있던 책이 재밌어서 밤샐 때와 드라마를 보다가 밤샐 때의 마음이 달랐다. 책은 뿌듯함으로 가득 차서 잠이 들었는데 드라마는 죄책감만 잔뜩 안고 잠이 들었다.

'잘한다. 잘해, 드라마 몰아본다고 하루 리듬 다 깨지고…… 잠이 부족하니 애들한테 괜히 예민하게 굴고…… 부끄럽지도 않냐.' 자책은 비난으로 이어진다. '나는 왜 이 모양이야…… 집에 TV가 없으면 뭐 해. 새벽에 컴퓨터로 다 보는 것을. 애들한테 안 부끄러워?' 자책과 비난 뒤엔 반성과 다짐이 이어진다. '너 드라마 좋아하는 거 알아. 그래도 이젠 드라마 대신 책 더 읽고 내 생각을 키우자.' 이렇게 자책, 비난, 반성, 다짐의 반복이었다.

그때와 지금, 상황은 비슷해 보이지만 다른 점이 있다. 드라마 보는 나를 대하는 마음가짐이 달라졌다. TV에 휘둘리지 않는 주체적인 삶을 살고 싶었다. 보고 싶은 것만 골라 보고 나머지 시간엔 책 읽는 재미에 빠져 살았다. 책과 영상의 균형을 잘 맞춰 나간다 생각했다. 그러다 참지 못하고 늦게까지 본 날이면 뭐라 하는 사람도 없는데 내가 나를 호되게 혼냈다. '너 자꾸 시간 낭비할래! 이 아까운 시간을 순간의 재미를 위해 흘려보낼 거야? 아 정말. 왜 이렇게 난 변하는 게 없을까. 못났어!' 이런 나를 보며 동생이 말했다. "뭘 그렇게까지 몰아붙여. 글 쓰는 사람이 인풋도 있어야지. 왜 그게 책뿐이라고 생각하는 건데. 드라마가 어때서.”

동생이 하는 말을 듣고도 드라마 보는 나를 인정하기까지 시간이 오래 걸렸다. 여전히 나를 있는 그대로 받아들이지 않고 혼자만의 엄격한 기준을 세워두었다. 그 지점에 도달해야만 나를 인정하는 경향이 있었다. ‘나는 드라마를 좋아하는 사람이다. 나는 드라마를 보면서 활력을 얻는다. 내 기분이 좋아지게 만드는 것 중 하나다. 나는 이야기를 좋아하는 사람이자 쓰는 사람이다. 드라마를 보는 건 소비만 하는 것이 아니라 새로운 인풋을 쌓는 시간이다.’ 이런 생각이 확고히 들었던 순간, 넷플릭스 구독을 시작했다.

불과 6년 전까지 자신을 부정하며 살아왔다. 드라마 하나를 가지고도 알 수 있다. 리모컨이 앞에 있으면 자연스레 TV를 켜서 봤다. 찜찜한 마음을 안고서도 계속 봤다. 그런 내가 마음에 들지 않았다. 그래서 드라마를 좋아하고 보는 것도 인정하고 싶지 않았다. TV가 아닌 책 보는 사람으로 나를 포장하고 싶었던 것도 있다. 이렇게 나를 속이고 부정하고 억누르다 보니 마음이 편하지 않았다. 분명 볼 때는 기분이 좋은데 끄고 일어서는 순간 무거워진다.

지금은 그렇지 않다. 책상 위에도, 방바닥에도, 침대 위에도 책이 올려져 있다. 종이책으로도 보고 이북으로도 본다. 에세이, 소설,

자기계발서 등 종류도 다양하다. 아이들 보는 틈틈이 책 읽고 글 쓴다. 재밌다. 그런데 이런 재밌는 일도 하고 싶지 않을 때가 있다. 책 속 글도 머릿속에 들어오지 않고 글도 썼다 지우기를 반복한다. 더위를 타는 건가. 선풍기를 틀고 누워서 핸드폰으로 드라마 한 편을 틀었다. 화면 속 이야기에 빠져든다. 울다가 웃다가, 웃다가 울다가 몸을 일으켜 책상 앞에 앉았다. 조금 전 드라마를 보며 얻은 힘을 책 읽고 글 쓰는 데에 쓴다.

내가 좋아하는 것을 하는 시간이 내게도 도움이 된다. 드라마는 글 쓰는 내게 새로운 자극이 되어 주었다. 노트북의 빈 화면을 보다 졸아도 잠시 누웠다 일어나면 된다. 더는 '으이구. 그러니까 드라마 볼 시간에 잠을 잤어야지!'라고 나를 꾸짖지 않는다. 대신 어제 본 드라마를 떠올리면서 다음 이야기를 기다리고, 나는 어떤 글을 쓸 수 있을까 생각한다. 대사에 귀 기울이며 이 작품을 썼을 작가의 시간을 떠올린다.

이렇게 안에서 나를 꽉꽉 채워놓아야 밖에서 사람들을 만나고 활동할 힘이 났다. 사람은 태어날 때 저마다 고유한 기질을 가지고 태어난다. 타고나길 외향적이기보다 내향적임을 일찍 깨닫고 인정했더라면 좋았겠다는 아쉬움이 든다. 내 성격이 나쁜 게 아니라 다를 뿐이라고 열다섯의 내게 돌아가 말해주고 싶다. 하지만 나라는 존재에 대해 고민하고 혼란스러워하던 과거의 내가 있기에 지금의 나도 있는 것이다.

내가 되고자 하는 나와 현재 내 모습과의 차이가 크다면 우선 있는 그대로 자신을 받아들이는 게 먼저다. '이런 나라도 좋아. 충분해.' 라는 마음에서부터 성장은 시작된다.

햇살 따스한 봄에
안현진

내향적인 성격입니다만

소신대로 살겠습니다

1판 1쇄 인쇄 2023년 4월 1일
1판 1쇄 발행 2023년 4월 5일

지은이 안현진
펴낸이 윤다시
펴낸곳 도서출판 예가

주 소 서울시 영등포구 영신로 45길 2
전 화 02-2633-5462   팩 스 02-2633-5463
이메일 yegabook@hanmail.net   블로그 https://blog.naver.com/yegabook
등록번호 제 8-216호

ISBN 978-89-7567-647-5 03320

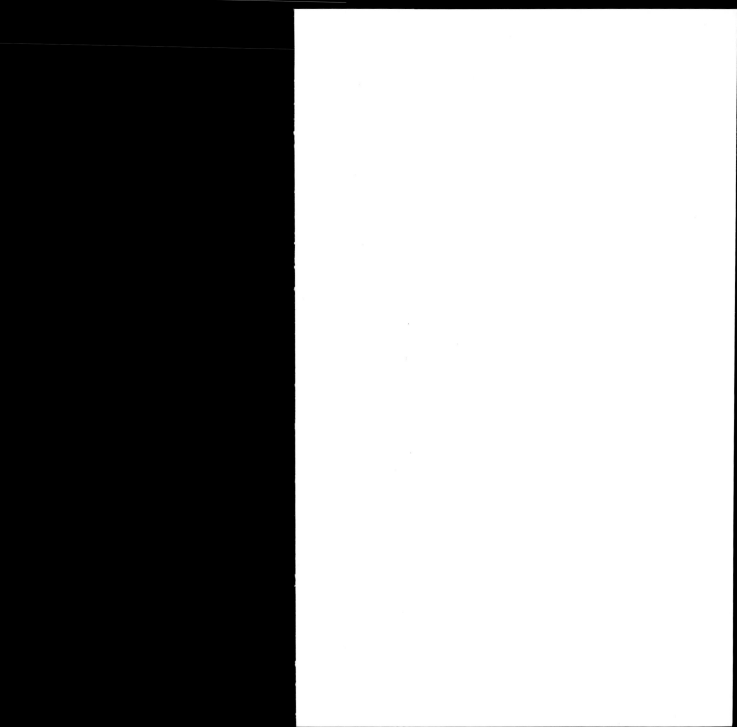